이슬람
불사조

이슬람국가IS의 정체와 중동의 재탄생

이슬람
불사조

로레타 나폴레오니 지음　　노만수 · 정태영 옮김

글항아리

차
례

이슬람국가(IS)의 점령 지역

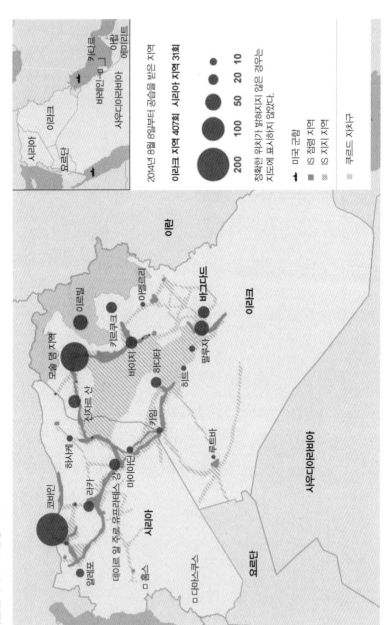

지도 출처: 미국 비정부 기구인 전쟁을 연구하는 단체[Institute for the Study of War]와 미 중부사령부

이슬람국가IS의 명칭에 관하여

2014년 6월 '이슬람국가IS'로 개명한 무장조직이 매우 신속하게 세력을 확장했다. 하지만 그 과정은 여전히 대체로 파악되지 않고 있는 상태다. 이 무장조직은 최근 몇 년 사이에 수시로 이름을 바꾸었다. 처음에는 아부 무사브 알 자르카위Abu Musab al Zarqawi의 조직 '유일신과 성전Tawhid al Jihad'(2004년 한국인 김선일 씨를 납치·살해한 조직—옮긴이)의 일부였는데 나중에 '이라크 이슬람국가Islamist State in Iraq, ISI'로 이름을 바꾸었다가 결국 '알 카에다 이라크 지부al Qaeda in Iraq, AQI'가 되었다. 2010년에는 아부 바크르 알 바그다디가 최고 지도자에 등극하면서 예의 '이라크 이슬람국가'라는 명칭을 다시 꺼내들었다. 그러다가 2013년 알 카에다와 연계한 시리아계 무장조직 '알누스라 전선Jabhat al Nusra' 일파와 합치고 '이라크 레반트 이슬람국가Islamic State in Iraq and the Levant/al Sham'로 이름을 바꾸면서 ISIL

7

또는 ISIS로 알려지게 되었다.[1] 최종적으로는 칼리프 국가(무함마드의 이슬람 제국—옮긴이) 건립을 선포하기 직전에 '이슬람국가IS'로 개명했다. 하지만 이 조직을 시리아에서는 애초부터, 이라크에서는 오늘날에도 그저 '알 다우라트al Dawlat'라 부른다. '국가'라는 뜻이다.

조직이 생명력을 지니는 동안 커다란 발전을 이루거나 중대한 변화를 맞으면 명칭을 바꾸기 마련이다. IS의 명칭 변화에 관한 연구 역시 수많은 퍼즐 조각 가운데 하나다. 서구를 비롯한 전 세계가 이리저리 맞춰보려고 안간힘을 쓰는 중동 정세라는 퍼즐 말이다.

우리가 보통 '유일신과 성전'으로 옮기는 '알 타우히드 알 지하드al Tawhid al Jihad'라는 말에는 신이 곧 모든 것이며 어디에나 존재한다는 사상이 담겨 있다. 다시 말해서 인생이란 신의 율법 안에서만 존재할 수 있다는 의미다. 그런 이유로 무슬림들은 7세기에 예언자 무함마드가 세운 최초의 칼리프 통치국이자 최초의 이슬람교 국가를 신성한 힘이 다스리는 완벽한 사회로 여긴다. 한마디로 칼리프 국가는 신이 자기 의지를 정치적으로 구현한 결과물인 셈이다. 검지를 펴서 하늘을 찌르는 손짓은 무장조직 '유일신과 성전'의 전형적인 동작이었다. 이제는 IS에서도 사실상 공식적인 경례법으로 통한다.

'유일신과 성전'에서 '이라크 이슬람국가'로 명칭이 바뀐 것은 알 자르카위의 무장조직이 이라크에 힘을 쏟기 시작한 즈음과 맥을 같이한다. 지하드 역량을 이라크에 집중시켜서 칼리프 국가 부활의 디딤돌로 삼을 작정이었다. 마찬가지로 알 바그다디 역시 '알 샴al Sham'이라는 말을 조직의 명칭에 덧붙이기로 결정했다. 이 말은 최초의 칼리프들 가운데 몇몇이 세력을 떨치기 시작한 시리아의 수도 다마스쿠스와 그 일대를 가리키는 고대 아랍어인데, 전임자보다 한발 더 나가겠다는 의지를 천명하는 동시에 조직의 최종 목표인 칼리프 국가의 재건을 이루기 위해 국경을 넘어선 노력을 시작하겠다고 선언한 것이다.

ISIS가 이름을 바꾼 IS의 출범은 칼리프 국가의 건립을 선포하기 하루 전날 이뤄졌다. 이는 국가를 세움에 있어 새롭고도 중대한 단계, 즉 7세기의 이상적인 이슬람 사회의 건설로 이어졌던 제반 환경을 다시금 조성하는 단계에 접어들었음을 시사한 것이다.

오늘날 서구 언론매체와 정치인들은 알 바그다디가 이끄는 무장조직을 다양한 명칭으로 부른다. 미국 백악관과 영국 다우닝 가에서는 ISIL로 부르는가 하면 미국 언론은 ISIS를 선호한다. 다만, 미국 공영방송 PBS는 이슬람국가라 부르며, 호주의 일부 언론은 실제 국가라는 인상을 주지 않기 위해 이슬람국가그룹이라는 용어를 채택했다. 하지만 영어로는 IS보다 ISIS 또는 ISIL이 대체로 그럴싸하게 들리기 때문에 많은 사람이 이렇게 부른다. 정치인들은 '국가'라는 표현을 꺼림칙하게 여기는데, 이는 IS의 실체를 인정하는 셈이 될까봐 우려하는 것이다. 한낱 명칭에 불과하다손 치더라도 자칫 테러조직이 아니라 정복 전쟁과 국내적 합의로 합법적인 지위를 부여받은 정식 국가라는 IS의 요구를 인정하는 꼴이 될 수도 있는 것이다.

나는 이 책을 쓰면서 '이슬람국가IS'라는 용어를 사용했다. 가장 최근에 이 조직이 스스로의 성격을 규정한 명칭이기 때문이다. 또 앞으로 계속해서 이렇게 불릴 것 같기 때문이다. 내 생각에는 IS라는 용어가 ISIS나 ISIL보다 훨씬 더 실질적인 메시지를 전한다. 이 메시지에는 21세기 버전의 칼리프 국가를 건설하는 데 성공하겠다는 조직의 결의가 담겨 있다. 이들이 프로파간다상의 이유로 덜 정확한 약어를 사용해서 IS의 진정한 본질을 숨긴다고 치자. 그러면 우리가 현존하는 위협을 직시하는 데 도움이 안 될 것이다. 반대의 경우라면 어떨까. 중동에 항구적인 평화를 뿌리 내리기 위해서 또다시 임시변통의 전략을 세우는 일은 결코 없을 것이다.

현대 중동의 지도를 다시 그리다

한 무장조직이 제1차 세계대전 이후 프랑스와 영국이 그려놓은 중동의 지도를 처음으로 다시 그리고 있다. 한때 이라크 레반트 이슬람국가(ISIL 또는 ISIS)로 불리던 IS가 정복 전쟁을 일으켜 1916년 사이크스-피코 협정의 체결로 획정된 국경선을 열심히 지우는 중이다.

탈레반 및 알 카에다와는 다른 IS의 검은 깃발

IS의 검은 깃발은 오늘날 영국이나 텍사스보다 더 넓은 지역, 즉 지중해에 접한 시리아 해변부터 이라크 한복판 깊숙한 곳에 이르기까지 수니파 부족의 거주지역 곳곳에서 나부낀다. 이 지역에는 2014년 6월 말 이후로 이슬람 칼리프 국가[2]라는 이름이 붙었다. 칼리프 국

11

가란 1924년 아타튀르크의 손에 의해 오스만 제국이 멸망하면서 이미 사라지고 없는 명칭이었다.

　수많은 서구인의 눈에 비친 이슬람국가는 알 카에다와 다르지 않다. 시계를 거꾸로 돌리려고 하는 시대착오적인 조직의 행태를 두 눈으로 똑똑히 목격했기 때문이다. 실제로 시리아와 이라크 출신 난민들은 IS의 통치 방식이 탈레반 치하와 전혀 다르지 않다고 말한다. 곳곳에 흡연과 사진 촬영을 금지하는 포스터들이 붙어 있다. 여성은 친족 남성을 동반하지 않고는 외부 출입을 할 수 없으며, 집 밖에 나갈 때는 옷으로 몸을 가려야 한다. 바지를 입어서도 안 된다.[3] 나아가 IS는 공격적인 개종 작업을 통해서 일종의 종교적 청소에 나선 듯한 인상도 준다. IS가 점령한 땅에 그대로 거주하려면 그들만의 엄격한 근본주의적 율법에 순종해야 한다. 이를 어겼다가는 처형을 면할 수 없다.

　IS의 최고지도자인 동시에 칼리프Caliph(이슬람 제국 주권자의 칭호―옮긴이)인 아부 바크르 알 바그다디는 국제무대에 등장한 이래 줄곧 알 카에다의 물라 오마르와 견줘졌다. 하지만 아이러니하게도 이런 비교 방식은 서구 지성계가 알 바그다디와 그 조직의 힘을 평가절하하게 만들었다. 합법성과 사회적 통제에 대한 IS의 일견 중세적인 시각에도 불구하고, IS를 본질적으로 퇴행적 조직으로 간주하는 것은 잘못이다. 탈레반은 예언자의 기록에 근거한 코란의 학교와 지식에 시야가 한정된 반면, IS는 세계화와 첨단 기술을 자양분 삼아서 무럭무럭 성장했기 때문이다.

현대성과 실용주의로 다극화 세계 질서의 틈새를 노리다

냉전시대를 주름잡았던 여러 단체를 포함한 모든 무장조직과 IS가 다른 점은, 아울러 IS의 엄청난 성공을 설명하는 키워드는 바로 현대성4과 실용주의다. 이 조직의 수뇌부는 세계화하고 다극화한 이 시대를 맞아 오늘날 여러 세력이 직면하고 있는 여러 한계와 관련해서 비할 데 없는 파악 능력을 자랑한다. 예컨대 대다수의 여느 조직과는 달리 IS는 리비아나 이라크에서 일어난 것 같은 외국 연합 세력의 개입이 시리아에서는 가능하지 않다는 사실을 알아챘다. IS의 수뇌부는 이와 같은 판단을 바탕으로—전통적인 대리전의 현대판인—수많은 배후 지원국과 무장조직이 뒤엉킨 시리아 내전을 매우 은밀하면서도 성공적으로 활용해 잇속을 챙겼다. 쿠웨이트와 카타르, 사우디아라비아는 시리아에서 정권 교체가 이뤄지길 기대하며 무장조직들이 힘을 키울 수 있도록 기꺼이 자금을 지원할 의사가 있었는데, 실제로 지원을 받은 조직은 IS가 유일하다. 그러나 IS는 배후 지원국을 대리해서 전투에 나서는 대신 그 돈을 가지고 시리아 서부의 비옥한 유전지대 등 재정적·전략적으로 중요한 지역을 자기 땅으로 삼아 통제력을 다졌다. 중동의 무장조직들 가운데 걸프 만 일대 부유한 지원국의 돈을 이용해 점령지의 새로운 통치자로 위상을 강화한 조직은 일찍이 없었다.

수니파에게 영광스런 미래의 청사진을 그리다

탈레반의 정치 구호와는 정반대로, 또 적군에 대한 야만적인 취급에도 불구하고, IS는 강력하고도 일면 긍정적인 정치적 메시지를 무슬림 세계에 전파했다. 그것은 바로 칼리프 국가의 부활, 이슬람의 새로운 황금시대였다. 이런 메시지는 포화에 휩싸인 시리아와 이라크, 부족 전쟁에 다시 휘말린 리비아, 군사정권이 대두한 이집트, 가자지구에서 또다시 전쟁 상태인 이스라엘 등 중동 지방의 극히 불안정한 정세 속에서 나온 것이다. 그 결과 새로운 칼리프 알 바그다디가 영도하는 칼리프 국가의 부활은 수십 년에 걸친 전쟁과 파괴의 잿더미로 고통 받는 수많은 수니파 무슬림에게 그저 그런 무장조직의 재탕이 아니라 미래를 약속하는 참신한 정치적 실체의 등장으로 다가오는 것이다.

이와 같은 이슬람 불사조Islamist Phoenix(500년에 한 번씩 나타나 스스로 불타서 재가 되었다가 다시 살아난다는 신화 속 불멸의 존재—옮긴이)가 금식과 기도로 엄수하는 신성한 라마단 기간의 첫날 모습을 드러냈다는 사실은 국민 대다수가 이슬람을 신봉하는 전 세계 57개국의 정통성을 향해서 IS가 던지는 강력한 도전을 상징한다고 봐야 할 것이다. IS의 대변인 아부 무하마드 알 아드나니는 이렇게 말했다. "모든 아랍 국가, 수장국, 조직, 단체의 합법성은 칼리프의 영토가 팽창함에 따라, 칼리프의 군대가 들이닥침에 따라 효력을 상실하게 될 것이다." 이는 현대적인 군대를 거느린 현존하는 국가인 동시에 7~8세기 아랍 지방에 최초로 등장한 이슬람 국가에서 정통성을 찾는 국가가 출사표를 던진 것이다.

이처럼 실로 현실적인 위협은 시리아 또는 이라크와 국경을 맞댄 나라들이 특히 강하게 느낀다. 2014년 7월 IS 깃발이 요르단 난민촌 곳곳에 등장하고 8월에는 IS군 수천 명이 시리아에서 레바논으로 밀려들어 아르살을 점령했다. IS가 이런 공격을 감행한 뒤로는 심지어 예전에 돈을 대던 지원국들조차 칼리프 국가의 군사력에 겁을 먹었다. 실제로 그해 7월에 접어들자마자 사우디아라비아는 이라크군이 철수한 이라크 접경지대에 군인 3만 명을 배치하기도 했다.

도로 보수, 무료 급식소 건설, 전력 공급하는 테러국가

그런데 종교적인 외피와 테러 작전들 이면에는 놀랍게도 국가 건설은 물론이고 영토 획득의 궤적을 따라 주민들의 마음을 얻는 데 긴밀하게 간여하는 정치-군사적 집단이 존재한다. 칼리프 국가의 통제를 받게 된 소수 부족 거주민들은 IS 전사들의 도착과 함께 마을 살림이 전보다 나아졌다고 단언한다. IS 전사들이 부뚜막을 고쳐주고, 집 잃은 사람들을 위해 무료 급식소를 세웠으며, 24시간 내내 전기가 들어오도록 해주었기 때문이다.[5] 이런 면을 보면 IS는 21세기에 테러나 폭력만 가지고는 새로운 나라를 세울 수 없다는 것을 아는 눈치다. 목적 달성을 위해서는 대중적인 공감대가 필요하다는 사실을 이해하 **15**

기 때문이다.

영토적 마스터플랜이—전성기에는 이라크 수도에서부터 오늘날의 이스라엘까지 팽창했다가 1258년 몽골 침략으로 붕괴한—고대 바그다드 칼리프 국가의 부활에 있다면, 정치적 목적은 21세기에 걸맞은 옷을 솜씨 좋게 지어 입는 것이다. 알 바그다디는 칼리프에 즉위하고 처음 한 연설에서 무슬림들에게 과거의 "권위와 힘과 지위 및 리더십"을 회복시켜주겠다고 맹세했다. 또한 의사와 엔지니어, 판사와 이슬람 법률 전문가를 향해서는 자신과 함께 가자고 호소했다.[6] 그가 연설하는 동안 세계 곳곳에 있는 통역사 그룹이 거의 실시간으로 지하드 홍보 웹사이트와 페이스북, 트위터에 영어, 프랑스어, 독일어 등 예닐곱 개 언어로 연설문을 올렸다.[7]

많은 사람은 이스라엘이 유대인을 위한 나라이듯 IS는 수니파 무슬림을 위한 나라라고 여긴다. 옛날 옛적에 자기네 땅이었다는 이유로 이제 와서 자기네 나라를, 그것도 자국민이 어디에 있건 간에 보호하겠다는, 강력한 종교 국가를 다시 세우겠다는 이야기와 다름없다는 것이다. 이런 비유가 놀랍거나 언짢을 수도 있다. 그럼에도 이는 낙담한 무슬림 젊은이들에게 강력한 메시지로 와닿는다. 이들은 바샤르 알 아사드 시리아 대통령의 무자비한 독재정치, 수니파를 정치권에서 배제하고 박해를 막지 않은 누리 알 말리키 총리의 이라크 정권, 전쟁으로 파괴된 사회경제적 인프라 복구의 실패, 높은 실업률 등 부패와 불평등, 부조리와 정치적 혼란 속에 국민으로서 권리를 상실한 계층이기 때문이다. 동시에 해외 이민자들에게, 특히 유럽이나

16

미국에서 공민권을 박탈당한 채 서구 사회의 일원이 될 기회가 점점 줄어들고 있는 무슬림 청년들에게도 강력하고 매력적인 메시지가 된다. 중동 지역 각국의 국내 정치판과 전 세계 무슬림 이민자들이 처한 현실에 대해서 이토록 날카로운 통찰과 정치적 직관을 보여준 무장조직은 지금껏 없었다. 기본적인 사회경제 인프라를 구축하고 영토로 편입된 지역에서 사업적 파트너십을 체결하는 등 국가 건설에 힘쓰면서 다양하게 불거져 나오는 문제들에 대해 이토록 성공적으로 대처한 무장조직도 없었다.

프로파간다 심리전 '공포와 신비주의의 이중주'

사실 IS 수뇌부는 다른 무장단체의 전술과 구조를 연구하고 거기서 얻은 교훈을 새로운 맥락에서 적용해왔다. 그 결과 이탈리아 붉은 여단이나 북아일랜드의 IRA(아일랜드공화국군) 같은 1960년대와 1970년대 유럽의 무장조직들처럼 IS는 '공포'의 프로파간다 효과를 충분히 이해하고 있다. 덕분에 중동 일대 내지 전 세계 사람들에게 잔혹한 장면을 선명하게 담은 비디오나 사진을 퍼뜨리기 위해 SNS 등 소셜 미디어를 동원하는 일에 있어 대단히 능수능란하다. 공포는 설교보다 훨씬 더 강력한 정복 수단이라는 것을 알 카에다는 결코 IS만큼 철저히 이해하지 못했다. 이와 함께 IS는 극단적인 폭력이 뉴스거리가 된다는 사실도 잘 알았다. 온갖 정보로 넘쳐나는 세계에서 언론매체는 사람들의 눈을 사로잡을 만한 한층 더 자극적인 이미지 찾기에 24시간 내내 혈안이 되어 있다. IS가 잔인한 처형이나 고문 장면이 담긴 사진, 비디오를 스마트폰으로 손쉽게 감상할 수 있는 포맷으로 수없이 업로드하는 이유가 여기에 있다. 관음증에 물든 우리 사이버 공간에서는 병적인 가학성을 그럴싸하게 포장해서 엄청난 볼거리로 만들고 있지 않은가.

IS는 본거지와 가까운 곳에서도 프로파간다가 얼마나 강력한 영향력을 발휘하는지에 대해 교훈을 얻었다. 2003년 이라크에 대한 예방적 공격을 정당화하기 위해서 미국과 영국 정부가 활용한 선전기관들을 분석했기 때문이다. 특히 2003년 2월 5일 당시 미국 국무장관 콜린 파월의 유엔 안전보장이사회 연설에 주목했다. 파월 장관은 이라크 침공을 정당화하기 위해 아부 무사브 알 자르카위의 신화를 꾸며낸 것으로 알려진 인물이다. IS 역시 소셜 미디어를 광범위하고도 매우 정교하게 활용하면서 개종 작업과 조직 충원, 자금 확보를 위한 거짓 신화를 만들어 무슬림 사회 전반에 유포해왔다.

이와 같은 전략에서 가장 중요한 성공 포인트는 IS의 최고지도자 아부 바크르 알 바그다디 주위를 촘촘하게 감싼 비밀주의와 신비주의의 거미줄이었다. 정보의 홍수 속에서는 오히려 신화가 집단적인 상상력을 자극하는 데 있어 중요한 역할을 한다. 더 많이 은폐할수록 더 많이 알고 싶은 욕망이 일어나는 법이고, 아는 게 별로 없을수록 더 많이 상상하기 마련이다. 관객에게 영화의 일부만 보여주면 나머지는 각자 원하는 대로 이야기를 완성하는 이치와 같다. 우리 시대의 광고 기업들은 이처럼 간단한 아이디어 위에 1조 달러 규모의 광고 산업을 쌓아올렸다. 그런데 지금은 IS의 선전기관이 이 점을 활용해 알 바그다디와 새로운 칼리프 국가에 관한 신화를 생산 유통하고 있다. 이슬람교는 예언자의 재림이라는 신화를 전제로 한다. 따라서 IS가 서구인들을 끔찍한 방법으로 살해하는 그 순간에 다른 한편으로는 예언자가 알 바그다디라는 옷을 걸치고 돌아왔다는 믿음을 무슬림 지지자들에게 심어주는 것이다. 우리가 놀라는 것이 도리어 이상할 따름이다.

█ 독재자를 타도하는 비대칭 전쟁의 전사?

폭력과 샤리아(이슬람 율법)라는 채찍, 소셜 미디어를 통한 프로파간다, 칼리프 국가에 갇히게 된 수니파 주민들의 생활 여건을 개선하는 데 초점을 맞춘 다양한 프로그램 등에서 우리는 IS의 철저한 실용주의를 확인할 수 있다.(이 지점에서도 알 카에다와 확연히 구분된다.) 만약 IS의 이런 전략이 성공을 거두게 된다면, 국제사회는 테러리즘과 국가 건설의 역사에 있어 새로운 시나리오를 받아들이게 될 것이다. 바꿔 말하면, IS가 '테러리즘의 딜레마'에 대응해 실용적인 해법을 내놓게 된 셈이다. 현대 국가의 입장에서는 실로 어마어마한 난제가 되겠지만 말이다.

사실 현대 국가는 테러리즘의 행태들을 국가 안보에 대한 위협으 **19**

로 볼 것인가 아니면 법질서에 가해지는 위협으로 볼 것인가를 판단해야만 한다. 이러한 딜레마는 자국민을 외국 적군과 국내 범죄자로부터 보호해야 하는 현대 국가의 이중적 책임에서 생겨나는 것이다. 무장조직들은 기존 국가의 전복을 원하기 때문에 안보에 위협을 가한다. 예컨대 IS의 목적은 시아파의 전제적인 지배로부터 바그다드를 해방시키고 요르단과 이스라엘까지 합쳐서 옛 칼리프 국가의 영예를 되찾는 것이다. 그러나 무장조직들은 범죄 행위를 활용한다. 알 카에다나 IS는 목적을 달성하기 위해서라면 자살폭탄 테러, 나아가 반대자에 대한 십자가 처형 같은 야만적인 수단까지 동원한다. 그 결과 부시 미국 대통령이 테러와의 전쟁에 나서기 전까지 각국은 테러리즘을 일종의 범죄 행위, 즉 법질서에 대한 위협 정도로만 여기고 사법제도에 입각해서 대처했다. 알 카에다가 국가 안보를 위협한다고 부시가 선언했을 때에도 이들 조직의 구성원들을 불법적인 전투행위자로 간주했을 뿐 적군의 지위를 부여한 적은 결코 없었다. 요컨대 테러는 전쟁을 목적으로 하는 범죄라고 규정한 것이다.[8]

하지만 만약 IS가 테러를 통해 영토를 확보하고 사회정치적 개혁으로 대중적 공감대를 얻으면서 현대적 국가 건설에 성공하고 세계 각국이 이를 인정하지 않을 수 없게 된다면, IS는 그 모든 무장조직의 선언을 처음으로 구현한 셈이 된다. 무장조직 구성원들은 범죄자가 아니며 정통성이 없는 부패 독재정권을 뒤엎기 위한 비대칭 전쟁(정규군에 대항하는 테러, 게릴라전 등―옮긴이)에 나선 것이라는 선언 말이다.

이 책은 IS의 정복 전쟁이 진행되는 와중에 나날이 쏟아지는 뉴스들을 꼼꼼하게 읽어가면서 썼다. 당분간 충돌이 이어질 것이므로, IS와 칼리프 국가의 성격 및 목적에 관한 핵심적인 질문들에 대해 해답을 제시하려고 노력하되, 충돌의 결과를 예상하기보다는 독자로 하여금 IS의 본질을 이해하도록 도울 것이다. 여기서 우리가 당장 도출할 수 있는 한 가지 결론은 9·11 테러 이후 이슬람 테러조직의 활동이 약해지기는커녕 점점 더 강해지고 있다는 것이다. 이제는 프로파간다와 첨단 기술을 바탕으로 급변하는 세계의 흐름에 부지런히 발맞추면서 마침내 국가를 스스로 건립하는 영역까지 넘보고 있기 때문이다. 그런데 반대로 테러리즘의 확산을 막아야 하는 측에 대해서는 같은 평가를 내릴 수 없을 것 같다.

세상에 없던 신종 테러리즘인가?

지난 3년 동안 IS의 성공은 아무도 예상치 못한 것이었다. 난폭한 수단과 냉엄한 시각으로 칼리프 국가의 재건이라는 미증유의 결과를 이뤄냈으니 말이다. 제2차 세계대전 이후로 그 어떤 무장조직도 이토록 넓은 영토를 확보한 적은 없었다. 전성기의 팔레스타인해방기구 PLO가 단연코 중동에서 가장 거대한 무장조직일 것이다. 하지만 오늘날 IS가 다스리는 영토에 비하면 극히 일부만 통제했을 뿐이다. 이같은 성취는 새로운 유형의 테러리즘을 배양하는 인큐베이터로 불리는 시리아 내전 덕분이라는 게 통설이다.

결산 회계보고서를 작성하는 테러조직

사실 시리아는 '아랍의 봄Arab Spring'(2010년부터 일어난 튀니지, 이집트, 시리아, 리비아 등의 민주화 열풍—옮긴이)에 뒤이은 내전으로 극심한 혼란이 빚어졌고 반군들로 차고 넘치기 때문에 IS와 9·11 테러 또는 2003년 미국의 이라크 침공을 결부시키는 공통된 맥락이 있을지 모른다는 그 어떤 의견도 쉽사리 배제하게 만들었다. 서구를 비롯한 전 세계는 이라크와 시리아의 끔찍한 오늘날이 역사상 선례가 없다는 생각, 그러므로 우리는 중동의 현 사태에 책임이 없다는 생각에 절박하게 매달렸다. 이에 따라 아프가니스탄의 허름한 알 카에다 군대나 이라크의 알 자르카위의 자살공격군과 달리 IS는 세상에 없던 신종 테러 조직으로 묘사되곤 한다. 막대한 수입을 거둘 수 있고, 다국적군과 같은 위상을 지닐 수도 있으며, 거대하고 현대적인 군대를 거느릴 여력이 있는 데다 병사 개개인을 충분히 훈련시킬 수 있는 조직이기 때문이다. 실제로 그렇다. 그러나 이 조직의 유전적 특성 자체가 완전히 새롭고 독특하다는 주장은 사실에 어긋난다.

　IS는 분명 탈레반이나 알 카에다와 달리 방대한 재정을 관리한다. 이것은 부분적으로는 시리아 곳곳의 유전이나 발전소 등 생산을 위한 자산을 확보한 결과다. 미국 『월스트리트저널』에 따르면 IS는 석유 수출만으로 하루에 200만 달러를 벌어들인다.⁹ 그뿐만이 아니다. IS는 자신이 통제하는 영토 내의 기업활동과 군수품 및 일반 상품 거래에서 세금을 거둔다. 물론 세금 부과 대상은 시리아 국경을 따라 터키나 이라크와 밀거래하는 경로에 대부분 몰려 있다. 탈레반을 포함한 다른 모든 무장조직과 비교할 때 상당히 특출나 보이는 IS의 '장사꾼 기질'은 최근에 우연히 발견된 이 조직의 '연간보고서'를 통해 다시 한번 확인할 수 있다. 이 보고서는 세입과 세출의 자세한 항목들을 나열했는데, 심지어 자살 테러 임무 한 건에 들어가는 비용까지 산출했다. 가장 정교한 회계 기법을 동원해서 작성한 것으로, 왕성하게 활약하는 다국적군의 합법적인 회계장부로 오해하고도 남을 정도였다.[10]

냉전시대 테러조직의 변종 vs 탈냉전 시대의 신종 테러리즘

그러나 테러 단체로 기능하는 IS의 능력 자체가 유례없이 독특한 것은 아니다. 재정을 확충하는 능력이나 모술 댐 같은 전략적 자산의 중요성에 대한 이해력 역시 특별하지 않다.

미국 CIA에 따르면 PLO가 1990년대 중반까지 축적한 자금 규모는 80~140억 달러에 달했다. 당시 바레인(60억 달러), 요르단(106억 달러), 예멘(65억 달러)의 연간 GDP보다 큰 규모였다.[11] 이에 비해 IS의 자산 규모는 PLO보다 훨씬 적은 20억 달러로 추정된다.[12]

IS가 과거 무장조직들을 앞서는 지점은 바로 군사적 용맹성과 언론매체 조작, 주민 지원 프로그램 그리고 무엇보다 국가 건설에 있다. 무장조직들이 전통적으로 수행했던 이 같은 정책들에 있어 조금 더 나아간 것으로서, 이는 오래된 테러리즘 모델을 발전시킨 것이지 근본적으로 새로운 것은 아니라는 점을 시사한다. 사실 이러한 발전은 탈냉전 시대 국제 정세의 급격한 변화에 대한 IS의 적응력에서 나온 것이다.

과거에는 테러활동이 강대국 정규군이 장악한 지역 가운데 어떤 한 부분으로 한정되었다. PLO가 이스라엘 군대와 전투를 벌일 때도 그랬고, IRA가 영국군과 싸울 때도 그랬다. 마찬가지로 반란을 일으킨 무장조직들의 영토적 야심도 광범위한 냉전적 질서와 그에 따른 국경선에 의해 필연적으로 제한을 받았다. 대리전을 지원할 여력이 있는 초강대국은 지구상에 오직 두 나라밖에 없었기 때문이다.

오늘날 우리는 국가 간 합종연횡이 빈번한 다극화 세계에 살고 있다. 테러를 지원하는 국가도 수없이 많다. 덕분에 IS는 종파 간 전쟁으로 어수선한 광대한 지역에 칼리프 국가를 세우고 여러 나라로부터 자금을 지원받을 수 있었다. 그리고 이 과정에서 한 나라만 상대로 싸운 게 아니다. 시리아와 이라크 군대, 이슬람 전선, 지하드 조직들의 연합체, 시리아 반군은 물론 시아파 의용군과 쿠르드 민병대 등 상당수가 부패로 힘을 잃은 여러 적과 곳곳에서 싸웠다.[13] IS가 광대한 중동 전역을 향해 국경선을 모조리 지워버리겠다고 위협하며 정복 전쟁에 나섬으로써 역사상 그 어떤 무장조직도 이루지 못한 성취를 얻은 까닭은 바로 여기에 있다.

경제력과 군사적 용맹성으로 IS를 신종 테러리즘이라 규정할 수 없다면, 야만적인 폭력을 선전하는 전근대적 잔혹성으로도 IS에 '신종' 딱지를 붙일 수는 없다. 사실 서구 언론매체들은 그런 잔혹함에 알 카에다 수뇌부조차 혀를 내둘렀다는 식의 터무니없는 보도를 내기도 했다. 악명 높은 9·11 테러를 주모하고 2002년 『월스트리트저널』 대니얼 펄 기자의 참수를 주도한 칼리드 세이크 모하메드가 바로 알 카에다의 3인자였으며, 이처럼 야만적인 방식의 살인 행위를 사상 처음으로 전 세계에 방송한 조직이 알 카에다였는데도 말이다. 2004년에는 아부 무사브 알 자르카위의 조직이 니컬러스 버그를 참수하는 사건이 일어나고, 같은 해 불에 탄 미군 블랙워터 용병의 시신 네 구가 팔루자(바그다드 서쪽에 위치한 수니파 지역) 거리에서 이리저리 끌려다니는 끔찍한 사건마저 뒤따르지 않았던가. 안타깝게도 IS의 폭력적인 면모는 전혀 새로운 것이 아니다.

따라서 탈냉전 시기 국제정세 속에서 벌어진 테러와의 전쟁의 잿더미에서 일어난 IS는 테러리즘의 새로운 유형이 아니라 과거의 품성을 간직한 변종으로서 자신을 새롭게 재포장했다고 봐야 한다. 그렇다면 IS의 성공 요인은 무엇일까? 그것은 바로 냉전 체제의 몰락과 다극화, 첨단 기술을 활용하는 능력, 국가 건설에 있어서 실용적인 태도, 중동 사람들과 무슬림 이민자들의 심리에 대한 깊이 있는 이해, 그리고 9·11 테러에 대한 서구의 대처가 드리운 오랜 그림자, 그로 인해 중동 곳곳을 10년간 신음하게 만든 종파 전쟁이다. 이런 사실을 무시한다면 사태를 피상적으로 이해하거나 잘못 파악하는 수준을 넘어 위기를 부를 수도 있다. '적을 알아야 이길 수 있다.' 테러리즘과 맞서 싸우는 데 있어 여전히 가장 중요한 격언이다.

1장

누가 이슬람국가의
검은 깃발을 올렸는가?
: 알 자르카위에서 알 바그다디까지

이슬람국가is의 성공은 우리를 성찰의 시간으로 이끈다. 지금은 칼리프 국가의 도래를 막지 못한 대테러 정책의 실패를 선언해야 할 시점이자 우리가 질 책임과 마주할 시점이다. 결국 세계는 이처럼 호전적인 정치적 실체를 굴복시키기 위한 새로운 접근법을 필요로 한다. IS가 피 묻은 손으로 중동의 국경선을 새로 그리고 있는 이 순간 그 필요성은 한층 더 절박하다. 칼리프 국가의 탄생은 중동에 대한 수십 년에 걸친 서구의 책략과 개입이 깊이 얽힌 결과다. 이런 명백한 사실을 부정해서는 새로운 전략을 짤 수 없다.

과연 테러조직이 국가를 건설할 수 있을까

IS가 이라크와 시리아에 걸치는 국가 건립에 성공한다면, 이에 따른 위협은 이들 두 나라의 정치적 범주를 훨씬 뛰어넘게 될 것이다. 인류의 근현대 역사상 최초로 무장조직이 테러리즘의 최종적인 목표를 달성한 것이 되기 때문이다. 즉 이란처럼 혁명을 거치는 방식이 아니라 테러 전술에 기반한 전통적인 정복 전쟁을 통해 기존 국가를 잿더미로 만들고 그 위에 그들만의 국가를 창설한 것이기 때문이다.14 만약 실제로 그렇게 된다면 IS는 테러리즘의 새로운 모델이 될 것이다.

우리는 어쩌다가 이 지경에 이르게 되었을까? 우선 과거 제국주의 열강들에 의한 중동 지역의 구획에서 선 굵은 해답을 얻어야 한다. 아울러 이라크에 대한 예방적 침공과 시리아 내전이 만나는 지점에서 간단명료한 해답을 찾아야 한다. 전자는 현대 지하드의 가장 빛나면서도 불가사의한 전략가 아부 무사브 알 자르카위를 이 땅에 내놓았다. 이 사내는 알 카에다의 역사적 리더십에 공공연히 반기를 들면서, 특히 수니파와 시아파의 해묵은 갈등을 들쑤시는 수법으로 칼리프 국가 부활의 핵심 전술을 삼은 인물이다. 시리아는 알 자르카위의 메시지에 열렬히 호응하는 사람들에게 비할 데 없이 좋은 기회를 제공했는데, 이중에는 칼리프에 등극한 아부 바크르 알 바그다디도 있었다.15

이 무장조직이 10년이라는 시간 동안 정치적·종파적으로 기존 세력의 반대편에 우뚝 서서 중동 전역을 뒤흔드는 강대한 실체로 성장한 과정을 살피려면 알 자르카위가 별처럼 떠오르고 시리아 내전이 터지던 시점으로 거슬러 올라가야 한다.

오사마 빈 라덴과 알 자르카위의 유산

베드윈 혈통을 이어받은 아부 무사브 알 자르카위는 요르단 제2의 도시 자르카의 노동자 거주지에서 태어났다. 1967년 이른바 '6일 전쟁'(제3차 중동전쟁—옮긴이)이 터지기 7개월 전이었다. 청년 시절은 불안했고 소소한 범죄로 점철되었다. 그로 인해 20대 전반 5년은 감옥에서 보냈다. 그런데 거기서 급진적인 살라피즘Salafism을 받아들였다. 살라피즘이란 서구적 가치 또는 영향을 완전히 배격하자고 부르짖는 근본주의 이념을 말한다. 물론 지금 이 순간에도 IS가 신봉하는 교리다. 감옥에서 풀려난 알 자르카위는 곧장 아프가니스탄으로 떠났다. 무자헤딘(아프가니스탄의 무장 게릴라 조직—옮긴이)에 합류하기 위해서였다. 하지만 소비에트와 싸우기에는 너무 늦고 말았다.

2000년 아프가니스탄 칸다하르에서 알 자르카위는 오사마 빈 라덴을 처음으로 만났다. 이 새파란 이슬람 전사(지하디스트jihadist)는 알 카에다의 일원이 되라는 사우디아라비아의 권유를 거절했다. 알 자르카위는 미국이라는 머나먼 적과 맞서 싸울 준비가 되어 있지 못했다. 대신 가까운 적, 바로 요르단 정부를 상대로 전쟁을 일으켜 그 지역에 순수한 이슬람 국가를 세우고 싶어했다. 그가 이란 국경과 가까운 아프가니스탄의 도시 헤라트에 허름한 훈련시설을 서둘러 차리고 자살폭탄 테러범을 양성한 다음 중동 곳곳으로 파견한 목적도 바로 여기에 있었다.

실제로 알 자르카위가 이라크에 입국하자마자 그곳에서 자살폭탄 테러 사건이 터졌다. 2003년 8월 폭탄을 실은 트럭 한 대가 바그다드 주재 유엔 본부에서 폭발, 파견단장을 비롯한 직원 여러 명이 목숨을 잃었다. 며칠 뒤에는 알 자르카위의 두 번째 부인의 부친인 야신 자라드가 폭탄을 차에 싣고 이맘 알리 모스크(시아파 창시자 알리의 무덤으로 시아파 최고의 성지—옮긴이)로 돌진했다. 이 사건으로 시아파 신도 125명이 숨졌는데, 여기에는 이라크 이슬람 혁명 최고위원회 의장 아야톨라 모하메드 바키르 알하킴도 있었다. 아야톨라는 사담 후세인 정권이 무너진 이후 최고위원회를 이끌며 이라크에 민주주의를 정착시키려고 이란에서 입국한 지 얼마 안 된 참이었다.[16]

당시에는 서구의 분석가들도 두 사건의 연관성을 파악하지 못했다. 2003년 8월에는 이라크에서 일어나는 충돌에 대해 연합군 및 그 지지 세력 일파와 모크타다 알 사드르가 이끄는 시아파 민병대 및 사담 후세인 추종 세력 일파 간의 일진일퇴로 보는 것이 서구의 일반적인 시각이었다. 하지만 국제 지하드 운동 세력은 그 메시지를 분명하게 이해하고 받아들였다. 알 자르카위가 신호를 보낸 것이기 때문이다. 앞으로 이라크에서 벌어지는 충돌은 연합군 세력을 노린 것이거나 시아파를 겨냥한 것 둘 중 하나라는, 테러의 수법은 자살폭탄이 될 거라는 신호였다.

시리아 내전과 알 바그다디의 전설

2003년 8월 말부터 2004년 12월까지 오사마 빈 라덴이 알 자르카위를 알 카에다 이라크 지부의 지도자로 공식 인정할 때, 그는 훗날 이라크 이슬람국가ISI로 개명하게 되는 '유일신과 성전'이라는 무장조직을 이끌고 있었다. 그러나 빈 라덴은 수니파와 시아파 사이에 갈등을 일으키는 ISI의 전략에 찬성하지 않았다. 또 민족주의 저항 세력이 힘을 합쳐 세속주의 전선을 형성하면서 자신들을 위협할 수 있다는 ISI 전사들의 걱정에 대해서도 공감하지 않았다. 2004년 봄이 되자 알 자르카위의 염려는 현실이 되었다. 모크타다 알 사드르가 주도한 시아파 폭동이 수니파 반군들의 마음을 사로잡았기 때문이다. 알 사드르는 수니파 거주지의 담벼락을 이맘의 사진으로 도배했던 인물이다. 일견 빈 라덴이 틀린 것처럼 보였다. 사우디아라비아가 알 자르카위의 조직을 알 카에다 이라크 지부로 명명하면서 알 카에다에 포함시키고 종파 전쟁에 참여하기로 결정한 것은 알 자르카위에서 알 바그다디로 넘어가는 바로 이 시점이었다.

알 자르카위는 알 카에다 이라크 지부의 수장으로서 미군과 전투를 벌이기에 충분한 인력과 재원을 확보할 수 있었다. 한편으로는 시아파를 상대로 한 자살폭탄 테러를 줄기차게 이어갔다. 그 결과 이라크는 내전이 터질 듯한 상황으로 치달았다. 하지만 2006년 미군의 공습으로 그가 죽으면서 이라크는 종파 간 내전을 피할 수 있었다. ISI도 한동안 힘을 잃었다. **33**

2006년 이후로는 알 카에다 이라크 지부 내에서 권력투쟁이 벌어졌다. 이와 동시에[17] 미국이 이른바 '수니파 일깨우기Sunni Awakening' (이라크 정부가 내전 진압책의 하나로 직접 탈환전에 나서기보다 장악 세력과 반목하는 소수 수니파 부족을 동원해 무기와 현금을 제공하며 대리전을 치르게 한 것을 말한다—옮긴이) 전략을 추진하자 나이가 지긋한 사람들은 이라크 국민이 마침내 알 자르카위 일당에게 등을 돌리고 그들을 외국인이나 적군으로 간주할 것으로 확신했다.[18] 여기에 미군의 이라크 '증파' 전략까지 더해지면서 이라크 내에 있는 모든 지하드 조직의 세력이 약화되었다. 그러던 중 2010년 알 바그다디가 알 카에다 이라크 지부의 수장에 오르면서 흐름이 바뀌었다.

알 카에다 이라크 지부는 알 바그다디가 최고지도자에 오르면서 이라크 이슬람국가라는 원래 이름으로 되돌아갔다. 또 이라크 내 미국 표적들을 계속해서 공격하면서도 알 카에다 측과는 거리를 두기 시작했다. 아울러 '일깨우기' 전략을 추종하는 수니파 이라크인들 가운데서 알 카에다라는 이름이 인기가 없다는 사실을 알고는 더 이상 이라크 국내적 혹은 민족주의적 이미지로 비치는 것을 피했다. 공공연히 정치적 술수는 물론 폭력까지 동원해서 자신들을 차별한 말리키 총리가 이끄는 시아파 정부는 수니파 주민들에게 알 카에다보다 인기가 훨씬 떨어진다는 사실 역시 잘 알았다.[19] 이런 판단을 바탕으로 알 바그다디는 시아파를 표적으로 공격을 일삼아 종파 간 갈등에 불을 지폈다.

그러나 이내 윤곽이 분명해졌다. 이런 전략으로는 당초 원했던 열매를 맺을 수 없었다. ISI는 너무 작고 너무 미약한 조직이었다. 이에 알 바그다디는 시리아 내전으로 눈을 돌렸다. 조직을 새로 꾸리고 막강한 힘을 불어넣을 수 있는 기회로 본 것이다.

2011년 알 바그다디는 부하 몇 명을 시리아로 보내서 이라크 북부의 해묵은 밀수 경로를 따라 사막을 가로지르며 곳곳을 살피게 했다. 이들은 시리아 내전이 군사적 성장의 기회를 확실히 제공할 수 있을지에 대한 조사 임무를 맡은 ISI의 정찰대였다. 결과적으로 말하면, 기대했던 대로였다. 시리아에서 벌어지는 대리전은 ISI 전사들이 전쟁기술을 연마할 기회가 될 뿐만 아니라 조직을 새롭게 출범시킬 수 있는 재정적 수단도 제공했다. ISI는 이제 수많은 지하드 무장조직 가운데 하나가 아니었다. 자체 영토를 확보하고 강력하게 통제하는 동시에 정규군까지 거느린 막강한 세력으로 발돋움한 것이다.

미국처럼 머나먼 곳에 있는 적과 싸우느라 영토 정복에 무관심했던 알 카에다 지도부와는 달리, 알 바그다디는 중동 지역 안에 거대하고 강력한 영토라는 기반이 없으면 투쟁은 실패로 끝날 수밖에 없다는 알 자르카위의 신념에 공감했다. 그의 꿈은 알 자르카위의 꿈만큼 야심찼다. 그것은 바로 시리아와 이라크를 지배하는 부패한 소수의 엘리트들 곧 시아파라는 가까운 적들을 상대로 정복 전쟁을 벌여서 바그다드 칼리프 국가를 부활시키는 것이었다.

알 바그다디는 알 자르카위가 몇 년 전에 세워놓은 전략에 따라 이들을 상대로 전통적인 정복 전쟁을 차례로 일으켜 도시와 마을을 집어삼키고 율법에 대한 복종을 강요했다. 이라크에서는 전임자가 발 **35**

전시킨 군사 전술까지 그대로 활용했다. 이 가운데 '바그다드 벨트'라는 전술은 훗날 칼리프 국가 건설에 결정적인 역할을 한 것으로 판명되었다.[20]

▌칼리프 국가의 전선 '바그다드 벨트'

바그다드 벨트는 바그다드 함락을 위한 알 자르카위의 작전명이었다. 대도시의 중심부를 단번에 확보하는 것이 아니라 주변부 소도시들을 차례로 점령해 '벨트로 묶듯이' 고립시키는 전략을 말한다.

알 자르카위는 벨트 지역에 설치한 ISI 기지들을 활용해 '바그다드로 들어가는 길목을 장악하고 돈과 무기, 차량폭탄과 전사들을 도시 안으로 밀어넣을' 작정이었다.[21] 아울러 '미군 헬리콥터의 항로를 질식시킬 수 있는 방공망을 벨트 지역에 구축할 계획이었다.'[22] 바그다드 벨트는 다섯 구역으로 나뉜다. 바빌 주 북부와 디얄라 주 남부를 포함하는 남쪽 벨트, 안바르 주 동부와 타르타르 지역을 포함하는 서쪽 벨트, 살라하딘 주 남부와 타지 등의 도시를 포함하는 북부 벨트, 바그다드 동부 지방을 아우르는 동쪽 벨트 그리고 바쿠바와 칼리스를 포함하는 디얄라 벨트 등이다.[23]

2006년이 되자 알 자르카위의 전사들은 계획을 실천에 옮기기 시작했다. 우선 팔루자와 안바르를 접수했다. 3월과 4월에는 카르마와 아부 그라이브를 점령하고 바그다드로 진군했다. 그러고는 마침내 바빌 북부와 바그다드 남부에 폭탄을 퍼부었다. 알 자르카위 일당은 벨트 지역 대부분을 차지한 상태에서 수니파 근거지에 머물며 세력을 강화했다. 그러나 2007년 증파 작전에 따라 13만 명이 넘는 미군이 바그다드 벨트와 수도 남부의 이른바 '죽음의 트라이앵글'을 탈환한다는 목표로 이라크에 도착했다. '수니파 일깨우기' 및 이라크보안군ISF을 통해 수십만 명을 지원받은 미군은 '사제폭발물과 자살 테러용 폭탄 제조 공장들은 물론 ISI 지휘통제부와 기지, 훈련소를 1년이 넘도록 집중 공격했다.'[24] 그러고는 마침내 증파 작전이 성공했다고 선언했다.

2014년 여름 알 바그다디의 IS는 가공할 군대를 재건했다. 바그다드 벨트 작전이 끝나던 2007년 ISI가 활동하던 지역이었다. 동시에 칼리프 국가 건설을 계속 추진하면서 알 자르카위를 뛰어넘는 성취를 이뤄냈다. 바그다드 벨트를 영토로 편입시킨 것이다. 그러므로 수많은 수니파 이라크인이 알 바그다디와 IS를 아부 무사브 알 자르카위의 지하드라는 잿더미에서 다시 살아난 '이슬람 불사조'로 여기는 것은 하등 이상할 게 없다.

'얼굴 없는 현대의 예언자' 알 바그다디

알 자르카위가 죽은 지 4년이 지난 2010년까지 알 바그다디는 알 카에다 이라크 지부의 최고지도자 자리에 오르지 않았다. 하지만 두 **37**

사람은 몇 년 동안 같은 작전의 일부였다. 2003년 미국의 침공이 시작되자 알 바그다디는 알 자르카위의 조직 '유일신과 성전'에 참여했다. 그리고 해외에서 이라크로 병사들을 몰래 들여오는 임무를 맡았다. 얼마 뒤에는 시리아 국경에 인접한 도시 라와의 총책임자가 되었다. 그곳에서 알 바그다디는 스스로 이슬람 재판소를 열고 '미국 주도의 연합군에 부역한 혐의가 있는 사람들을 잔혹하게 공개 처형하는 등 악명을 떨쳤다.'[25] 사람들은 라와를 다스리는 모습에서 알 바그다디가 통치하는 칼리프 국가의 일면을 목격할 수 있었다.

알 자르카위와 마찬가지로 알 바그다디 역시 조직의 일상적인 운영에 많은 신경을 썼다. 뿐만 아니라 여느 무장조직 지도자들과 달리 자신의 모습이 담긴 비디오를 퍼뜨리거나 정치적 선언을 공표하는 행위를 삼갔다. 칼리프에 오르기 전 알 바그다디의 모습을 담은 사진은 겨우 두 장에 불과하다. 하나는 둥근 얼굴에 어두운 낯빛으로 심각한 표정을 짓고 있는 사진이고, 다른 하나는 이라크 정부가 2014년 1월에 배포한 것으로 검은색 옷을 걸치고 무표정한 얼굴에 수염을 기른 사진이다.[26] 하지만 금이 가고 흐릿한 것으로 미루어 낡은 사진을 다시 촬영한 것으로 보인다. 이 시기에 알 바그다디는 자신이 가장 신뢰하는 근위대 앞에 나설 때조차 얼굴을 가렸다. 덕분에 '보이지 않는 지도자'라는 별명을 얻었다. 우리 시대에 다시 나타난 칼리프는 자신을 비밀주의와 신비주의로 꽁꽁 싸맸다. 그 결과 이제는 거들먹거리며 행진을 즐기는 서구 정치인들이나 자기 사진을 천지사방에 붙이면서 개인숭배에 혈안이 된 아랍 독재자들과 대척점에 선 것 같은 인상을 준다.

　세상의 이목을 피하는 알 바그다디의 습성은 2005년 미군에 체포되어 이라크 남부 부카 기지Camp Bucca(이라크 남부에 위치)에서 5년간 수감생활을 하는 동안 생긴 것일지도 모른다. 전임자와 마찬가지로 그 역시 수용소에서는 전혀 눈에 띄는 존재가 아니었다. 미군은 그가 지닌 지도자로서의 진정한 잠재력을 알아챌 방법이 없었다.**27**

　알 바그다디는 전임자와 완전히 다른 배경에서 나고 자랐다. 1971년 바그다드 북쪽 사마라에서 태어난 그는 예언자 무함마드의 직계 후손이라고 주장한다. 알 바그다디 측에서 배포한 일대기에 따르면, '그는 종교적인 가정 출신이다. 형제와 삼촌들 중에는 성직자들과 아랍어, 수사학, 논리학 교수들도 있다.'**28** 알 바그다디 본인도 바그다드대에서 이슬람 연구로 학위를 받았으며 미군에 붙잡히기 전에 수도와 팔루자에서 성직자로 활동한 경력이 있다. 이러한 학문적 경력 덕분에 이슬람 교리에 대한 그의 해석은 신뢰성을 확보할 수 있었고 나아가 현대판 예언자라는 환상까지 심어주게 되었다. 빈 라덴의 스승으로 알려진 아프간 탈레반의 거물이자 무장조직 무크타브 알카다마트의 창립자 아잠을 제외하면 현대 지하드 전사 누구도 알 바그다디처럼 이슬람 교리를 공식적으로 학습한 인물은 없었다. 그가 칼리프가 되고 나서 처음으로 공개석상에 등장한 곳은 모술(이라크 북부 도시)의 대모스크였는데, 전통적인 성직자 복장으로 청중 앞에 나타나 연설을 했다. 그런데 험악한 테러리스트의 말투가 아니었다. 오히려 현명하고도 실용적인 종교 지도자의 말씨였다. "나는 비록 가장 뛰어난 사람은 아니지만 여러분을 이끄는 지도자다. 따라서 여러분이 보기에 내가 옳으면 나를 지지하라. 여러분이 보기에 내가 틀렸으면 내가 올바른 길을 가도록 충고하기 바란다. 그리고 내가 여러분 가운데 존재하는 신에게 순종하는 한 여러분도 나에게 순종하라."[29]

알 카에다와의 노선 대립 그리고 '의사 국가' ISIL

칼리프 자리에 오른 알 바그다디는 시리아 몇 곳에 기지를 설치하고 선전 캠페인을 훌륭하게 펼치면서 외국 전사들을 모집했다. 영국 런던 킹스칼리지 국제급진주의연구소 선임연구원 쉬라즈 마헤르[30]에 따르면, 알 바그다디는 신참자들을 언제든 환영한다. 알누스라Jabhat al Nusra(시리아의 반군 중 이라크에서 활동한 옛 알 카에다 대원이 많아 가장 막강한 공식 알 카에다 연계 조직—옮긴이) 전선 등 시리아 내 알 카에다 분파로 알려진 다른 조직들이 잠입을 두려워해서 신입 대원이 될 수 있는 사람들을 돌려보내는 것과 대조적이다. 가입이 쉽다는 사실은 정교한 언론매체 활용 정책을 거쳐 외국, 특히 서구의 무슬림 청년들한테 퍼지면서 ISI에 대한 호감도를 증폭시켰다.

2013년 ISI는 알누스라 전선의 구성원들과 전술상의 통합을 추진했다. 이 같은 결합은 이라크 레반트 이슬람국가ISIL라는 새로운 조직의 탄생으로 이어졌다. 하지만 이는 통합에 반대하는 몇몇 알누스라 지휘관의 이탈과 시리아의 수니파 반군 세력 내부에 치열한 내분을 초래했다.

알누스라 전선과 ISI가 이념적으로 비슷함에도 불구하고 많은 사람은 의심의 눈초리로 두 조직의 통합을 바라보았다. 전자가 아사드 정권 타도에 헌신해왔다면, 후자는 영토 획득을 위한 정복 전쟁에 집중해왔기 때문이다. 프리랜서 기자로 『내전La Guerra Dentro』을 쓴 프란체스카 보리는 이렇게 설명한다. "ISIS는 아사드 군대를 물리치는 게 아니라 반군이나 다른 지하드 조직들과 전투를 벌였다. 이들을 공격해서 영토를 넓히는 게 목표였다." 사실 알 바그다디는 전쟁으로 찢긴 시리아 땅에 이슬람 국가를 건설하겠다는 계획을 결코 숨긴 적이 없다. 그 결과 시리아 사람들은 대부분 ISI를 외국 점령군으로 여겼다.

사실 알 바그다디는 라이벌 수니파 조직을 포함한 종파주의자들을 거침없이 공격했기 때문에, 지하드 전사들 사이에서 불량한 지도자로 통했다. 다큐멘터리 「알레포: 어둠이 전하는 기록들」의 감독 마이클 프르체들라키는 다음과 같이 말했다. "자유시리아군FSA(시리아 내전에서 활동하는 핵심 반군 조직으로, 귀순한 시리아군 병사와 지원병으로 구성됨—옮긴이)은 물론 이슬람전선을 비롯한 다른 반군들마저 ISIS를 적으로 간주했다."³¹ '불량한 지도자'는 알 자르카위가 2003년 시아파를 향해 최초로 자살 테러를 주도했을 때 알 카에다가 그에게 붙여준 표현이었다. 그로부터 10년 뒤 알 바그다디는 알누스라와의 통합을 밀어붙여서 알 카에다 수뇌부를 또다시 분노하게 했다. 아이만 알자와히리가 이에 개입해서 통합에 반대하고 알 바그다디에게 이라크로 돌아가라고 명령하는 한편, 알누스라 지도부가 알 카에다

41

시리아 지부의 진정한 대표자라고 선언했다.

2003년 알 자르카위가 알 카에다의 비판을 무시한 것과 마찬가지로 2013년 알 바그다디가 알 자와히리에게 돌려준 대답 역시 반항적이었다. "나는 신의 명령과 알 자와히리의 명령 가운데 하나만을 선택해야 한다. 고로 나는 신의 명령을 선택하는 바다."[32] 이렇게 간단한 몇 마디가 알 카에다 세력의 위축과 IS 세력의 성장이라는 현실을 그대로 담아냈다. 영국 정보기관 책임자로 대테러 업무를 담당했던 리처드 바렛은 프랑스 AFP 통신과 인터뷰하면서 이렇게 말했다. "지난 10년 혹은 그보다 더 오랫동안 알 자와히리는 아프가니스탄-파키스탄 국경지대에 웅크린 채로 성명서 몇 장과 비디오 몇 편 말고는 내놓은 것이 거의 없다. 반면 알 바그다디는 엄청난 성과를 이루었다. 여러 도시를 함락시켰고, 수많은 사람을 동원했으며, 이라크와 시리아에서 지금도 거침없이 총질을 일삼고 있다. (…) 혈기 넘치는 사내라면 알 바그다디 편에 서지 않겠나?"[33]

IS의 인기가 유례없는 군사적 성공에서 나온다는 사실은 부인할 수 없을 것이다. 서구를 등에 업은 아랍 지도자들의 수십 년에 걸친 전횡에 지친 사람들, PLO와 하마스Hamas(이슬람 저항운동 단체—옮긴이) 내부의 부패에 환상이 깨진 사람들, 끝을 알 수 없는 종파 갈등과 전쟁, 경제 봉쇄에 미래가 암담한 사람들에게 IS의 성취는 대단히 매력적이다.

시리아가 종파 갈등으로 내전을 벌이고 이라크가 외세의 개입으로 휘청대는 사이에 IS는 이슬람 율법을 따지는 종교적 강연을 삼가는 대신 칼리프 국가 부활을 통한 정치적 해방을 약속하면서 지지 세력을 넓혔다. 사람들은 수십 년간 이어온 전쟁과 파괴의 시절에 대한 영구적인 해법에 목말라했다. 그런데 이 새로운 국가를 인정하려면 상당한 비용을 감수해야 한다. 우선 IS의 엄격한 통치와 무자비한 사법제도 및 여성차별주의 앞에 무릎을 꿇어야 한다. 무엇보다 IS의 종파주의적 침략 행위가 보여주듯 시아파건 다른 어떤 종교 신봉자 건 살라피즘을 받아들여야 한다. 그러지 않고서는 살아남을 수 없다.

이 같은 무자비한 면모에도 불구하고 IS와 알 바그다디는 그동안 박해를 받아온 수니파 사람들이 지지할 법한 시책을 펼쳐온 것 같다. 이 새로운 실체는 지금으로서는 '의사疑似 국가shell-state'에 불과하다. 사회경제적 인프라를 보유하고 국가로서의 겉모습은 지녔으나 진정한 국가라는 정치적 인정이나 대중적 공감대는 결여되어 있기 때문이다. 게다가 2014년 가을에 미국은 IS를 무너뜨리기 위한 공습 3개년 계획을 발표했다. 하지만 알 바그다디는 국가 건설을 위해 여전히 매진하고 있다. 그리고 IS가 목적을 달성할 시점이 그 어느 때보다 가까워 보인다.

2장

칼리프 국가 통치를 위한
예행연습

국가를 세우려고 노력한 무장조직은 또 있었다. 수십 년 전에 PLO는 지원국들로부터 독립을 얻어내고 테러 비즈니스를 독점한 끝에 의사 국가를 건설하는 데 성공했다. 이러한 성취가 이스라엘 사람들에게 는 얄궂게도 충격을 안긴 것처럼 IS가 보유한 자산 규모 역시 2014년 여름 서구 사회를 깜짝 놀라게 했다. 대테러 전문가들은 별처럼 무 수한 지하드 조직들 속에서 IS의 성장을 내다보기란 힘들었다며 얼 토당토않은 변명을 내놓는다. 하지만 일련의 군사적 승리를 보고도 예상을 못 했다면 재정적 성공 과정에서라도 알아챘어야 했다. 우선 PLO가 재정적으로 독립성을 획득한 역사를 되짚어보자.

경제력과 사회 인프라를 정치 주권보다 우선시한 테러조직

1987년 12월 가자지구와 요르단 강 서안 지구에 거주하는 팔레스타인 사람들이 반反이스라엘 투쟁 곧 '인티파다intifada'(민중봉기—옮긴이)의 깃발을 들어올렸다. 이러한 자발적 봉기는 이스라엘 정책의 뚜렷한 변화로 이어졌다. 이스라엘 정부가 점령지로 흘러드는 '비공식적' 자금을 더 이상 용인하지 않는 동시에 검문소마다 경찰을 투입해 밀수 흐름을 차단했던 것이다.

이듬해에는 2000만 달러가 넘는 현금을 압수했다. 하지만 이 같은 정책으로도 점령지에 대한 PLO의 경제적 지원 규모는 거의 줄일 수 없었다. 합법적이고 치밀하며 매우 다양한 방법으로 지원했기 때문이다.[34]

이스라엘은 이내 알아차렸다. 야세르 아라파트(PLO 의장직을 지냈다—옮긴이)가 여러 지원국의 도움을 받던 무장조직들의 느슨한 연합체를 독자적인 자금 조달이 가능한 복합적 경제 조직체로 바꾸어놓았다는 사실을 말이다. PLO는 섬유 수출부터 마약 밀수까지 합법과 불법을 넘나드는 다양한 경제활동을 벌이면서 세력권 내에서 사실상 국가로 기능했다.[35] 아울러 매년 수많은 아랍 국가의 GNP 초과분에서 세입을 창출하기도 했다.

이를 통해 아라파트는 여러 지원국의 간섭에서 벗어나 가자지구와 요르단 강 서안 지구를 효과적으로 관리할 수 있었다. 그럼에도 점령지는 정식 국가가 아니라 의사疑似 국가로밖에 규정될 수 없었다. 돈은 있지만 정치적 공인이 없고, 국가로서의 뼈대는 갖췄으나 독립국의 핵심인 자결권을 보유하지 못했기 때문이다. 현대 국가의 일반적인 건립 모델에 따르면, 경제 및 기반시설의 형성보다 자결권을 바탕으로 하는 정치적 통합성이 더 중요하다. 그런데 PLO가 제시하고 지금은 IS가 채택한 의사 국가 모델에서는 경제 및 기반시설의 건설이 정치적 공인보다 앞선다. 자결권은 여전히 모호하며 부수적인 요소에 불과하다. 그런데 IS는 경우가 다르다. 어떻게 다른지 살펴보도록 하자.

하룻밤 새에 적군과 아군이 바뀌는 현대판 대리전쟁

냉전 시기에는 대리전이 벌어지는 과정에서 의사 국가들이 자주 등장했다. 다시 말하면, 국가들이 대리전을 치르기 위해 국가가 아닌 주체들을 지원했다. 이 가운데 몇몇 무장조직은 PLO의 영도 아래 경제적 독립을 이루고 국가 기반시설을 건설했다. 2011년 이후 분쟁으로 얼룩진 시리아와 이라크에서도 비슷한 움직임이 나타났다. 냉전 시기에 아라파트가 아랍 지원국의 후원금을 종잣돈 삼아서 점령지에 PLO의 독립적 경제를 이룬 것처럼, 아부 바크르 알 바그다디 역시 시리아의 정권 교체를 바라는 아랍 지원국을 이용해 자기 조직의 경제적 본거지를 확보했다. 오늘날 바뀐 것이라고는 무장조직이 물색할 수 있는 지원국 숫자가 크게 늘었다는 점과 지원 국가에 따라 이

49

해관계가 상당히 다르다는 점이다.

시리아에서는 지하드 단체가 여러 후원자 가운데 하나를 선택할 수 있었다. 그만큼 자금을 구하기가 쉬웠다. 어떻게 보면 판매대를 둘러보면서 물건을 고르는 것과 같았다. 하지만 냉전 시기에는 선택할 수 있는 대상이 초강대국 두 곳뿐이었다. 세계가 다극화되면서 수많은 지원국이 등장하고 그 과정에서 대리전 분야는 일종의 도박판으로 변했다. 2010년 알 바그다디가 지원국을 찾아 나서자 쿠웨이트와 카타르, 사우디아라비아가 줄을 섰다. 이들 국가는 아라파트가 꿈도 못 꾸던 서구의 화려한 전투 장비를 간접적인 경로로 IS에 선사했다.[36]

변하지 않는 점은 평화적인 해법을 찾아 갈등을 종식시키는 일이 점점 더 어려워졌다는 사실이다. 현대의 대리전에 있어서는 특히 그렇다. 지원국 간의 이해관계가 불합리하고도 역설적으로 충돌하기 때문이다. 시리아에서는 이란이 레바논의 헤즈볼라를 통해서 바샤르 알 아사드 정권을 지원했다. 반면 사우디아라비아와 쿠웨이트, 카타르가 이 지역에 대한 이란의 영향력을 배제하기 위해 ISIS를 비롯한 수많은 수니파 반군 단체에 자금을 댔다. 한편 헤즈볼라는 팔레스타인에서 활동하는 하마스에 무기와 자금을 지원했다. 하마스는 수니파 단체라는 사실이 명백한 데다 사우디아라비아로부터 오랫동안 지원을 받기도 했다.[37] 2014년 여름 하마스는 (가자지구에서 만든 거라고 강변하지만) 이란 산 드론과 (IS가 공급한 것으로 추정되는) 시리아 산 장거리 미사일을 동시에 사용해 이스라엘을 공격했다.

그림을 더욱 복잡하게 만드는 것은, 러시아가 시리아의 아사드 정권에 무기를 공급하는 동안 다른 쪽에서는 미국이 시리아 반군에—결국엔 IS가 전투마다 전리품으로 챙기게 되는—무기를 공급한다는 사실이다. 2014년 4월 『타임』 지는 이렇게 보도했다. "시리아 반군 병사들은 요즘 미제 대전차 무기로 아사드 정부군에 맞선다. 전문가들은 이 무기들이 미국의 승인 없이 시리아에 등장할 방법은 없다고 입을 모은다."[38] 이어 2014년 9월 10일 오바마 미 대통령은 대국민 연설을 통해 미국이 시리아의 IS에 공습을 가할 것이라고 발표했다. 이에 대해 러시아의 지원을 받는 아사드 정권은 자국의 승인 없는 미국의 군사행동을 침략으로 간주할 것이라며 반발했다. 현대 대리전에서 동맹관계란 결코 분명할 수 없다. 하룻밤 사이에도 변할 수 있기 때문이다.

이 모든 주체가 움직이는 외교적 지형 역시 지속적으로 변화하는데, 때에 따라서는 어처구니없는 결과를 초래하기도 한다. 2014년 8월 쿠르드노동자당PKK 휘하의 병사들이 IS에 맞서 싸우는 쿠르드 민병대 페시메르가를 돕기 위해 찾아왔다. IS가 이라크 북부 자치구에서 세력을 확장하고 있었기 때문이다. 한편 미국은 페시메르가를 돕기 위해 공습에 나섰다. 의아한 점은 PKK와 미국이 사실상 협력관계를 맺게 되었다는 사실이다. PKK는 미국이 공식적으로 작성한 테러리스트 목록에 여전히 이름을 올린 상태다. 유럽 국가들 역시 엄밀히 따지면 PKK와 싸우는 입장이지만 쿠르드군이 무장하는 것에 대해서는 반대하지 않았다. 또 터키가 IS를 무찌르기 위해 미국이 조직

51

한 거대한 연합군에 참여하면서 역사상 앙숙관계인 PKK와 터키 정부가 같은 편에 서는 꼴이 되기도 했다.[39]

다극화 시대 중동 국가들의 정치·외교적 모순

2014년 늦여름 미국은 IS와 싸우기 위해 북대서양조약기구NATO 산하에 거대한 연합군을 조직했다. 이는 IS가 오래된 적과 새로운 적을 뭉치게 한다는, 분별없는 동맹관계는 끝났다는 인상을 줄 수도 있다. 그러나 이는 사실이 아니다. 예를 들어 2014년 9월 중순 이란과 시리아, 즉 중동에서 가장 큰 시아파 국가 두 곳은 파리 회담에 와달라는 초대장을 받지 못했다. 사우디아라비아와 카타르가 반대했기 때문이다. 하지만 연합군 결성과 회담 개최는 중동 문제 해결을 위한 새로운 전략을 도출하는 데 도움이 되지 못했다. 각국 정상들이 단체 사진을 촬영할 기회가 한 번 더 생긴 것에 불과했다.

사실 NATO 또는 아랍 국가들 가운데 IS와 맞서 싸우는 전쟁에 자국 군대를 보내겠다고 공식적으로 동의한 나라는 단 한 곳도 없었다. 도리어 무장조직을 앞세워 대리전에 참여하면서 자기 잇속만 챙길 뿐이었다. 역설적으로 거대한 연합군은 사태를 매듭짓기는커녕 무장조직 후원국 명단에 훨씬 더 부유한 국가들을 포함시킬 수도 있는 위험성을 높이고 말았다.

심지어 아사드 정권도 무장조직을 앞세워 반군 또는 지하드 단체들과 전투를 벌이며 지역 주민들의 동요를 억누른다. 헤즈볼라와 이란의 전사들은 부패한 시리아군 대신 내전에서 일감을 찾는다. 프란체스카 보리는 다음과 같이 회상했다. "2012년 3월 나는 레바논 남부에 머물렀다. 매주 헤즈볼라 병사들의 시신이 시리아에서 고향으로 돌아오면 사람들은 장례식을 치렀다."[40]

알 바그다디는 이런 상황에 기대어 현대 대리전의 정치적 역설을 영리하게 이용함으로써 이득을 취했다. 지금까지 그는 지원국들의 소원과 기대에 대한 탁월한 이해력을 바탕으로 소규모 지하드 조직들 내지 반군 단체들을 흡수하거나 라이벌 수니파 조직들을 무력으로 굴복시키는 방식으로 자기 조직을 크게 확장했다. "알레포(시리아 할라브 주의 주도)와 시리아에서는 병사들이 한 조직에서 다른 조직으로 자주 옮긴다. ISIS는 탄탄하고 효율적인 조직이어서 인기가 높다. 소속 대원들을 보면 훈련도 잘 받은 것 같다. 이런 전쟁에 참여하는 사람들은 대부분 전투라는 게 뭔지 전혀 모른다. 시리아를 비롯한 전 세계에서 애송이들이 몰려들기 때문이다. 특히 외국에서 온 녀석들을 보면 전투에 나간다는 생각만으로 잔뜩 흥분한 표정이다. 그런데 총을 쏠 줄도 모르는 게 아닌가. 수많은 무장조직 가운데 IS는 가장 전문가다운 인상을 준다. 그래서 IS에 들어가면 훈련을 제대로 받을 거라고 기대하는 사람이 많다. 아울러 핵심 표적이 분명하고 사명감이 확고해 보인다. 기왕이면 번듯한 조직에 참여해서 싸우고 싶은 마음이야 인지상정 아니겠는가."[41]

2011년부터 2014년까지 국제사회의 개입이 없을 것으로 내다본

53

알 바그다디는 시리아 안에 핵심 근거지를 확보해 영토로 삼았다. 모순 같지만, 아랍 지원국의 돈으로 라이벌 반군들의 근거지를 공격해서 점령한 것이다. 그는 시리아 내전이 상당 기간 지속될 것으로 전망하면서 시리아의 무기 거래 시장을 장악할 생각이었다.

이처럼 IS가 현대 중동의 대리전 공식을 성공적으로 활용한 것은 냉전 이후 다극화된 지구촌의 갈등 양상이 안고 있는 모순 덕분이다. 이는 거대한 연합군을 조직해서 해결할 수 있는 문제가 아닌 것 같다. 아사드 정권의 최대 후원자 이란을 회담에서 배제한 사실, 그리고 연합군 내부적으로 통일된 전략이 없는 사실을 감안하면 말이다. 사실 이러한 모순은 2011년 이후 미국이 시리아 정권 교체 문제에 대처하기 위해 그 지역에 온갖 종류의 연합체를 구축하는 과정에서 맞닥뜨린 어려움을 설명하는 열쇠인 동시에 최근 칼리프 국가가 가하는 위협을 설명하는 가장 중요한 열쇠가 된다. 이 책 마지막 장에서 살펴보겠지만, 거대한 연합군은 중동 문제의 실질적인 해결을 가로막는 대외 정책상의 모순을 아직도 해결하지 못한 상태다.

무지하기 때문에 또는 유리하다고 여기기 때문에 서구가 무시하는 사실이 하나 있다. 그것은 바로 수많은 지원국이 배후에 존재하는 대리전으로 인해서 시리아 북부가 무정부 상태에 빠졌다는 점이다. 알레포에서 유일한 서구 언론 기자로 오랫동안 활동한 프란체스카 보리는 이렇게 말했다. "공동체가 무너졌다. 달아날 수 있는 사람들은 떠나고 남은 사람들은 너무 가난하거나 너무 늙어서 못 떠난 것뿐이다. 내전이 터진 뒤로 시리아 북부는 모든 것이 바뀌어버렸다. 전쟁

이전에 존재하던 모든 것이 사라졌다. 시리아다운 모든 것이 자취를 감추었다. 범죄 조직들이 주민들을 먹잇감으로 삼고 서방의 기자나 구호단체 직원들을 납치한다."[42] 이는 국가의 통치 기능이 완전히 무너진 곳에서, 종파주의 무장조직들의 폭력이 난무하는 정치적 진공 상태에서나 나올 법한 이야기다. 이처럼 극도로 혼란스러운 상황에서 '사회'란 존재할 수 없다. 전근대적 전시 상황만 이어질 뿐이다. 보리에 따르면, "알레포 안팎에서는 군사 지도자들이 절대적인 권위를 갖는다. IS도 마찬가지다. 전사들은 무한한 충성심으로 조직의 수뇌부가 아니라 자신의 지휘관을 우러러본다." 그러나 여타 무장조직과 달리 칼리프 국가는 상하 질서가 분명한 군사행정 체계를 확립했다. 물론 기본 중의 기본이지만, 이 덕분에 대부대가 사병 집단이나 강도단으로 전락하는 위험성도 줄었다.

인질 전매 시장과 IS라는 괴물

나이지리아나 사하라 일대, 아프가니스탄에서 그렇듯이 인질은 값비싼 상품이다. 1990년대에 레바논의 사정도 그러했다. 인질들은 여러 차례 되팔리기를 반복하면서 수많은 범죄자와 테러리스트의 손아귀를 오간다. 언론인들이 납치당하는 모습을 보면 시리아 내전의 종파적, 전근대적 속성이 또렷이 드러난다. 프란체스카 보리는 말한다. "납치당한 사람 대부분은 특정 반군 조직이 제공한 운전수나 경호원을

55

대동하고 움직이는데, 그러다가 매우 어수선한 지역에서 라이벌 조직이 앞을 가로막으면 꼼짝없이 붙잡히고 마는 것이다. 나는 다행스럽게도 알 카에다의 보호를 받았고, 그 덕분에 ISIS가 관할하는 지역까지 들어갈 수 있었다. 물론 위장을 해야만 했다. 주로 시리아 난민 행세를 했다. 머리부터 발끝까지 옷으로 가렸다. 펜은 한 자루도 지녀선 안 된다."

이처럼 야비한 거래에 간여하는 지원국들은 지원 사실을 은폐하기 위해 종종 인질의 몸값을 지불하기도 한다. 골란 고원(시리아 서남부에 있는 구릉지대)에서 납치당한 피지 출신 유엔군 병사 45명을 풀어주는 대가로 카타르가 알누스라 전선에 몸값 2000만 달러를 지불한 것도 마찬가지 경우다.[43]

세계 여론은 리비아에서 벌어진 것과 유사한 그 어떤 개입에도 일체 찬성하지 않았다. 부시와 블레어의 이라크 전쟁이라는 커다란 실책을 통해 군사적 개입은 중동에 평화를 가져오는 최선의 해법이 아니며 도리어 IS라는 괴물을 낳을 수 있다는 사실을 깨달았기 때문이다.

IS는 중동 상황을 바라보는 서구 여론의 좌절감을 확실히 이해하고 있는 것으로 보인다. 납치당한 영국 기자 존 캔틀리[44]의 비디오는 납치 문제를 바라보는 서구 국가들의 이중 잣대에 대해 공공연히 비난하는 목적을 담고 있다. 다른 모든 국가가 몸값을 흥정하고 돈을 건넸던 반면 미국과 영국은 거부했다. 알 바그다디와 그 지지자들은 냉전 시기와는 매우 다른 현대 세계질서의 특성을 확실히 간파한 것으로 보인다. 군사적으로 우월한 적을 상대로 복수에 성공하려면 전 세계 여론에 호소해야 한다는 특성 말이다. 또 시리아와 이라크에서 벌어지는 대리전이 결국 지원국들에 부메랑으로 되돌아올 것이라는 점도 잘 아는 것 같다. 그러나 서구와 아랍의 강대국들은 상황이 이렇게 돌아간다는 사실을 모르는 눈치다.

▌테러를 비즈니스화해 경제적 자립을 꾀하다

대리전이 국가 수립에 있어서 한물간 수단이라는 가장 분명한 증거는 바로 IS의 성공 과정에서 찾을 수 있다. 시리아의 아사드 정권을 전복하겠다고 나선 여타 조직들과 달리 알 바그다디의 전사들은 시리아는 물론이고 지금은 이라크에도 자체 영토를 개척해서 근거지로 삼을 수 있었다. 전직 미군 해병대원은 『뉴요커』와의 인터뷰에서 이렇게 회상했다. "우리가 도착한 때는 마침 ISIS가 자유시리아군의 북부 폭풍여단을 물리치고 아자즈(시리아 서북부에 위치한 역사도시)를 수중에 넣은 날이었다. (…) 이런 상황을 고려하면 ISIS가 비록 시리아 내전에 가담한 반군들 가운데 하나라고 해도 아사드 정권 타도가 핵심 목적은 아니었다. 논란의 여지가 없다. 만약 그렇다면 2012년 이후로 줄곧 반군들이 장악하던 아자즈를 손에 넣으려고 힘을 낭비할 필요가 없었기 때문이다. ISIS의 전쟁은 시리아 혁명을 위한 것이 아니었다. 자기 조직을 위한 정복 전쟁이었다."[45]

IS 성공의 핵심은 PLO나 IRA 같은 조직들과 비교해서 테러 행위를 독점하는 속도가 매우 빨랐다는 점이다. IS는 놀라울 만큼 재빠르게 지원국들로부터 재정적인 독립을 이루었다. 이러한 경제적 변화에 대해서 반대하는 세력도 사실상 없었다. IS를 지원하던 국가들도 세력을 잃은 데다 이제는 IS에 도전할 만큼 강력한 대리전 수행 조직을 찾을 수도 없었기 때문이다. 너도나도 무장조직을 지원하겠다고 나선 결과, 규모가 작고 힘도 약한 무장조직의 난립이라는 역효과를 불렀던 것이다. 시리아와 이라크의 IS는 이런 오합지졸 지하드 조직과 반군 단체들을 상대로 정복 전쟁에 나서서 불과 2년도 안 되는 기간에 시리아 동부의 유전지대처럼 자원이 풍부한 전략적 요충지를—대부분 소규모 반군 단체나 사병 집단 따위로부터—빼앗을 수 있었다.

나아가 알 바그다디는 이 같은 자원을 충분히 활용하기 위해 영리하게도 지역 수니파 부족들과 동맹을 맺음으로써 독립성을 한층 더 강화했다. IS는 이들 부족과 함께 석유를 시추하거나 밀수출하고 심지어 시리아 정부에 판매하기도 했다. 그럼으로써 일부 주민의 반발을 무마하는 동시에 아사드 정권보다 정직하고 공정한 세력이라는 이미지를 심어줄 수 있었다. 정치적으로는 지역사회 지도층과 협력하는 능력, 즉 피정복 주민이 아니라 현대 국가의 시민이자 칼리프 국가의 동반자로 이들을 끌어들이는 능력이 IS로 하여금 기하급수적으로 성장하면서 칼리프 국가의 재건을 더 강하게 부르짖을 수 있도록 도왔다. 이런 상황을 고려할 때 IS가 확보한 영토를 단순한 군사기지로 간주하는 것은 잘못이다. 정복 전쟁을 통해 점령한 바로 그 지역에서 공감대를 형성하고 정당성을 확보하는 것이야말로 현대적인 이슬람교 국가를 떠받치는 필수 불가결한 기둥을 세우는 작업이기 때문이다.

전통적으로 무장조직이 세운 의사 국가는 지역 세력의 참여를 외면했다. 하지만 IS는 알 바그다디가 칼리프로 선출되기도 전에 이 같은 전략을 선구적으로 도입했다. 2014년 여름 바그다드로 진격하는 과정에서 IS는 바이지 시(바그다드 북쪽 250킬로미터 지점의 전략적 요충지)에 위치한 이라크 최대 정유시설을 공격했다. 동시에 이라크 북부 유프라테스 강에 있는 하디타 댐과 함께 터키에 하루 60만 배럴을 공급하는 송유관도 표적으로 삼았다. 이라크에서 획득한 자원들은 시리아에서도 그랬듯이, 정권의 차별로 신음했던 해당 지역 수니파 부족사회와 더불어 관리했다. 이런 전술을 통해 지역 세력의 반발을 예방할 뿐 아니라 더 나아가 지지를 얻고 공감대를 형성할 수 있었다.

알 바그다디는 이라크 수니파 부족들을 상대할 때마다 놀라운 현대적 외교술을 동원했다. 이라크 서부 안바르 주에서는 '수니파 일깨우기'에 가담한 사람들에 대한 알 카에다의 공격이라는 나쁜 기억을 주민들이 되살리지 않도록 각별히 신경 썼다. "알 바그다디의 대원들은 성직자나 안바르 부족 사람들을 해치지 않았다. 사흐와(각성) 민병대(2006년 말 온건 수니파 주도로 결성되어 2006~2007년 종파 내전 당시 '이라크의 아들들Sons of Iraq'이라 불리며 내전의 전환점을 마련하는 데 큰 도움을 줬던 세력—옮긴이)에 가담했던 사람이나 심지어 경찰도 건드리지 않았다. 이들이 팔루자에서 ISIS 깃발을 내걸지 않겠다고 하자 알 바그다디는 부하들에게 깃발 게양을 중단하고 다른 무장조직의 대원들이나 안바르 부족 사람들을 우리 편으로 끌어들이라고 명령했다. (⋯) 물론 그해 1월 중순 팔루자 북부에서 다수의 이라크군을 납치 살해했을 때와 같이 ISIS의 깃발이 등장하는 경우도 분명히 있다. 안바르에서 보여준 알 바그다디의 유화 정책을 통해 과거 알 카에다 지도자들에게서는 찾아볼 수 없었던 IS의 실용주의를 다시 한번 확인할 수 있다.[46]

이런 식으로 지방 수니파 부족들과 연합관계를 조성하고자 하는 알 바그다디의 의지는 지원국들로부터 경제적 독립 행보의 속도를 높이는 전략 가운데 하나였다. 경제적 독립성이란 해외 지원국들과 관계를 단절하겠다는 의욕만으로 생기는 것은 아니다. 외국의 지원은 뇌물을 주고받는 조직 문화로 이어지곤 했다. 사실 부패는 수많은 무장조직은 물론 아랍 정권들이 몰락한 원인이다. 예외가 없었다. 알 바그다디는 휘하 병력의 부패를 막기 위한 예방책으로 경제적인 독립성을 추구했다. 아울러 테러리즘의 독점을 통해서 대원들의 충성심을 견고하게 다졌다.

부패에 얽힌 교훈은 아라파트 몰락의 역사에서도 확인할 수 있다. 그의 몰락은 PLO에 돈다발이 쏟아진 데서 비롯되었기 때문이다. PLO는 80~120억 달러의 예산을 굴리던 시절에 수뇌부를 비롯한 조직 전체가 완전히 평판을 잃고 말았다. 지원국의 후원이 낳은 뇌물과

부패의 정치 문화가 다시는 회복할 수 없는 어두운 그림자를 조직 전체에 드리웠기 때문이다.**47**

▎IS 대원들의 꿈 '이승에서의 칼리프 국가 건설'

테러 행위를 독점하면서 IS는 의사 국가 모델이 칼리프 국가 부활이라는 야심찬 계획을 완수하는 데 있어서 완벽한 수단임을 깨달았다. 의사 국가는 도시 외곽 주택단지 정도로 작을 수도 있고 일반적인 국가처럼 거대할 수도 있다. 의사 국가는 세우고 관리하는 게 간단하다. 대개 정치적 통합성이라는 것이 불필요하기 때문이다. 의사 국가의 이상적인 터전은 기반시설이 붕괴되고 통치 구조가 사라진, 전쟁으로 폐허가 된 고립지에서 찾는 것이 좋다. 지배자들은 먼저 정치권력을 독점한 뒤 민주적 합의를 얻어내면 그만이라고 여긴다. 의사 국가를 구성하는 과정에서는 경제가 정치를 앞선다. 무엇보다 의사 국가는 운영하는 데는 돈이 별로 안 든다는 장점이 있다. 경제는 전쟁 수행이나 테러의 독점을 위한 것으로 한정하고 비군사적 비용과 주민들의 생계는 최저 수준으로 관리하기 때문이다.

전통적인 의사 국가 모델에서 전쟁은 수익을 창출하는 유일한 자원이 된다. 아프가니스탄 북부동맹 소속의 한 대원은 이렇게 말했다. "전쟁이란 곧 우리가 살아가는 방식이다." 따라서 무장조직 대원들은 나머지 주민들에 비해 돈을 훨씬 더 많이 받는다.**48** 반면 칼리프 국가의 경제는 정복 전쟁에만 의존하지 않는다. 용병 성격이 강한 대원들이지만 높은 보수만 기대하고 움직이는 것 또한 아니다. 사실 무장 조직은 대원들의 충성심을 얻는 것이 결정적으로 중요한데 IS는 소속 대원들에게 시리아나 이라크에서 노동자들이 받는 급여보다 적은 대가를 지급한다. 미국 국방부가 오랜 기간을 두고 기록한 것으로 최근에 기밀 해제된 문서에 따르면, "IS 일반 대원의 평균 기본 급여는 월 41달러에 불과하다. 일반적인 노동자 급여에 비해 훨씬 낮은 액수다. 이라크에서는 벽돌공이 한 달에 보통 150달러를 번다. 대테러 전문가들은 이런 사실을 이해하기 어려워했다. 하지만 IS의 구성원들은 워낙 종교적, 이념적 성향이 강해서 경제적인 요소가 조직 가입 의사를 저해하는 데 있어 별다른 영향을 미치지 못하는 것으로 보인다."[49]

만약 IS의 군대가 동기부여를 받는 게 돈이 아니라면, 그보다 더 중요한 요인은 무엇일까? 그것은 바로 개인적인 부를 비롯해 모든 것을 뛰어넘는 이상적인 무슬림 국가, 즉 현대판 칼리프 국가의 부활이다. 수 세기 동안 부패한 지방 세력과 손잡고 자기 배만 불리는 외국 열강의 오락거리에 불과했던 중동에서 이러한 정치적 실체의 건립이라는 이상주의가 IS 구성원들에게는 새로운 시대가 밝았다는 상징으로 다가오는 것이다.

비록 알 바그다디의 중동 정복 전쟁이 전근대의 추억을 떠올리게 하지만, 아프가니스탄 탈레반이나 콜롬비아 무장혁명군FARC처럼 경제적으로 또는 어떤 측면으로든 기본적으로 지역 주민의 수탈을 목적으로 하는 의사 국가들과 달리 칼리프 국가의 원칙 및 이상은 어엿한 국가를 지향한다. IS 대원들 역시 순교자가 되어 처녀 72명과 영생을 보내기를 열망하는 알 자르카위의 준비된 자살폭탄 테러범들보다 한발 더 나아간다. 알 바그다디의 전사도 칼리프 국가를 위해 기꺼이 죽을 각오가 되어 있지만, 오히려 그들의 꿈은 긍정적이면서 동시대적이다. 저승이 아니라 이승에서 칼리프 국가를 이루고 싶어한다. 시온주의자 유대인들이 이스라엘을 세웠듯이 조상들의 땅 위에 강력한 이슬람교 국가를 재건하는 것이야말로 어떤 무슬림들에게는 현생에서 맞이하는 해방을 뜻한다. 즉 이런 이야기를 듣고자 하는 사람들에게는 강력하고 긍정적인 메지시가 아닐 수 없다.

정복지의 민심을 얻는 방법에 대하여

역설적으로 들릴 수 있겠지만, 의사 국가 내부 주민들의 지지는 알 바그다디에게 전투원들의 헌신만큼이나 중요하다. 이란 혁명에서 입증된 것처럼, 성스러운 권위만으로는 국가 기능을 담보하기에 충분치 않다. 아프가니스탄 탈레반을 모방해서 칼리프 국가를 거대한 감옥으로 만들 수도 없는 노릇이다. 알 바그다디는 특권 계급으로 행세하며 아프간 주민들을 착취한 탈레반과 달리 피통치자들의 동의에 바탕을 둔 현대적인 국가의 초석을 다지는 게 목적이었다. 비록 시민의 정의가 종파주의에 의해 제한을 받고 여성의 활발한 사회 참여도 배제하는 국가이지만 말이다. 이와 같은 동의의 핵심은 주민생활 지원

63

책을 제시하는 것이다.

한 언론 보도에 따르면 시리아와 이라크에서는 "IS가 빵 공장 가동을 돕고 수많은 가정에 과일과 채소를 제공하며 개인별로 생필품을 나눠준다. 라카(시리아 유프라테스 강 상류에 있는 유적도시)에서는 굶주린 사람들을 위해 무료 급식소를 세우고 부모 잃은 아이들과 가정을 짝지어주기 위한 사무실도 열었다. IS 대원들은 점령지 안에서 주민 건강과 복지를 위한 프로그램을 IS의 자금으로 운영했다. 탈레반은 소아마비 예방접종을 해괴한 짓으로 여기면서 회의적으로 보지만 IS는 소아마비 확산을 막아야 한다면서 예방접종 사업을 펼쳤다." 즉 주민생활 지원책[50]은 야만적인 종파적 독재와 함께 IS라는 동전의 양면을 이룬다고 하겠다.[51]

하지만 주민복지 프로그램을 현장에서 실제로 수행하는 이들은 무장대원들과 다르다는 사실에 주목해야 한다. 다큐멘터리 감독 마이클 프르체들라키는 이렇게 말한다. "민간대원과 무장대원은 분명히 구분된다. 완전히 별개의 존재들이다."[52] 간혹 무장대원들이 주민들을 못살게 굴 때에는 민간대원들이 제지하고 나선다. 이처럼 칼리프 국가 내부에서는 무장대원과 민간대원을 분명하게 구분하는데, 이는 의사 국가 운영의 효율성을 극대화하기 위한 것이다.

아울러 주민생활 지원책을 제공할 수 있다는 것은 IS가 경제 전략을 성공적으로 수행한 결과이기도 하다. IS는 이라크와 시리아 국경을 말 그대로 불도저처럼 밀고 들어가 칼리프 국가 건립을 선포하기 전부터 재정적으로 이미 넉넉했다. 예컨대 IS는 터키와 시리아 국경을 오가며 밀수를 일삼고[53] 시리아로 들어가는 해외 원조품을 가로채면서 1년 넘도록 짭짤한 이득을 챙겼다. IS가 테러리즘을 독점한 3년 동안 영리한 실천 계획을 이행한 덕분에, 오늘날 IS는 다른 무장조직들처럼 주민들을 착취할 필요가 없다. 『애틀랜틱』의 보도에 따르면, IS가 모술 중앙은행에서 4억2500만 달러를 약탈했을 때, 군사적 용도와 함께 '조직이 대중으로부터 마음과 뜻을 얻기 위한 행동'에 사용할 돈으로 지정하기도 했다.[54] 이는 무장조직 IS와 의사 국가인 칼리프 국가의 재정적 통합을 보여주는 매우 중요한 사례들이다.

무장조직의 자금과 의사 국가의 회계가 통합되고 지방 부족들과의 사업적 협력관계가 이뤄지는 것을 보면 국가 건설을 향한 IS의 헌신성은 입증되었다고 볼 수 있다. 아울러 현대 국가의 기본적인 행정 원칙을 어느 정도 적용한다는 사실도 확인할 수 있다. 결국 의사 국가 내부적으로 재정 배분 체계를 잡은 것은 칼리프 국가의 군사력을 증강시킬 뿐 아니라 대중적 지지와 공감대를 한층 더 견고하게 만들어주었다.

칼리프 국가의 지휘 캠프가 위치한 시리아 라카에서는 테러의 독점으로 확보한 이익을 통해 어떤 대중적 사업을 벌이는지 몇 가지 사례를 찾을 수 있다. 예컨대 장터나 재래시장을 열어 지역 주민들의 환영을 받은 일처럼 말이다. IS 역시 "전력 공급 상황을 관리하는 사무소를 세워 전선을 새로 깔거나 수리하는 방법을 가르치기도 했다. 대원들은 웅덩이를 메우고 점령지들을 오가는 정기 버스 편을 마련했다. 엉망이 된 간선도로를 그럴듯하게 복구하고 우체국을 운영했다. 자선 사무소도 설치했으며, IS의 주장에 따르면 추수를 거들기도 했다. 강 하류에 거주하는 시리아와 이라크 사람들에게 가장 중요한 것은 유프라테스 강의 (알 파루크로 이름이 바뀐) 티슈린 댐을 IS가 계속해서 가동한 점이다. 이러한 사무소와 기관들을 통해 IS는 불안정한 주변부 지역에 외관상 안정을 제공할 수 있었다. 물론 IS가 제시하는 종교적 프로그램의 경우 많은 사람이 불편해하지만 말이다."[55] 이런 식으로 무장조직의 통치에 기반하여 안정을 추구하는 방식은 오랜 분쟁으로 신음해온 지역 주민들에게 낯설지 않다. 예를 들어 1998년 콜롬비아 정부는 산 비센테 델 칸구안, 라 마카레나, 비스타 헤르모사, 메세타스, 유리베 같은 지역을 포함하는 스위스 면적만큼 방대한 땅을 비무장 지대로 만들었다. 내전을 평화롭게 마무리하기 위한 선의의 제스처로서 말이다. 이 지역은 철수지로 불리게 되면서 결국 마르크스주의 무장조직 FARC의 수중에 떨어지고 말았다. 여기서 FARC는 주민지원 사업을 대중적으로 펼쳤다. 군대를 동원해서 도로를 새로 깔고 주민 공동 시설도 확충했다. 주민들이 오랫동안 목말라 하던 안정과 번영을 선사한 것이다.[56] 그러나 무장조직이 세운 그 어떤 의사 국가도 진짜 국가로 탈바꿈하는 데 성공한 적은 없었다.

다음 장에서 살펴보겠지만, IS는 칼리프 국가의 정치적 건설 과정에 지역 세력과 주민들을 참여시키면 이런 목적을 달성할 수 있다고 믿는다.

3장

로마의 패러독스
'정복지의 여성과 결혼하라'

2014년 6월, 성스러운 라마단 기간에 들어가기 이틀 전에 ISIS는 전 세계 무슬림을 향해서 칼리프 국가 건립을 선포하는 선언문을 발표했다. 대변인은 목소리를 높였다. "굴종과 치욕의 먼지를 털어버리기 위해 혼돈과 무질서와 절망으로 얼룩진 우리 시대 중동에 칼리프의 나라가 우뚝 섰다."[57]

이스라엘과 IS 칼리프 국가의 차이

이튿날 IS는 칠레 출신으로 수염이 덥수룩한 아부 사피야 대원이 시리아-이라크 국경 기지를 하나 더 파괴했다고 발표하는 멋들어진 동영상을 인터넷에 올렸다. 파일 제목은 '사이크스-피코 협정의 종말'이었다.[58] 동영상은 1916년에 영국과 프랑스가 만들어낸 두 개의 정치적 실체, 즉 시리아와 이라크를 IS의 손으로 파멸시키겠다는 선언을 담았다. IS는 칠레인 무슬림을 동영상에 등장시켜 지구촌 어디라도 손이 닿는 국제적 조직이라는 인상을 심어주려 했다.

IS는 현대 첨단 기술과 소셜 미디어라는 도구를 활용해서 현대적 정치 집단이라는 이미지, 즉 쇠퇴하는 서구 민주주의 또는 '서구에 물든' 무슬림 정권들과 날카롭게 대조를 이루는 긍정적인 이미지를 부각시키려고 노력한다. "이집트를 보라. (축출당한 대통령) 모하메드 무르시에게 표를 던진 무슬림들이 결국 어떤 꼴을 당했는지 보라. 민주주의는 존재하지 않는다. 당신은 스스로 자유롭다고 생각하는가? 서구 사회는 국회가 아닌 은행이 지배한다. 그렇다는 걸 당신도 알 것이다. 당신은 저당잡힌 물건에 불과하다. 당신은 일자리 걱정, 월세 걱정에 마음 편할 날이 없다. (…) 당신은 자신이 아무런 힘도 없다는 걸 알기 때문이다. 하지만 천만다행으로 지하드가 시작되었다. 이슬람이 당신에게 다가가 자유를 선사할 것이다."[59]

신생 칼리프 국가를 소개할 때 IS는 현대적인 국가의 이미지를 전하려고 신경 쓰는데, 이는 과거 시온주의자들의 행태와 비슷하다. 물론 IS가 민주주의라는 말을 홀대한 것과 달리 이스라엘 건립자들은 이를 중시했다. 1940년대에 세계 각지에 흩어져 살던 유대인들은 조상이 살던 고향 땅, '하느님이 주신' 민족 고유의 땅을 재정복하기 위해 영국에 맞서 싸웠다(1917년 밸푸어 선언으로 영국이 팔레스타인 문제라는 성가신 국제 문제 씨앗을 뿌렸으면서 1939년 팔레스타인 백서로 친시

오니스트 입장을 백지화했기 때문에, 시오니스트 유대인들은 영국을 나치 독일과 마찬가지로 증오했다—옮긴이). 과거 이스라엘이 유대인들에게 약속의 땅이었던 것처럼, 칼리프 국가는 무슬림들에게 이상적인 국가 또는 완벽한 나라, 나아가 수 세기에 걸쳐 이교도 국가들에게 굴욕과 차별과 패배를 당한 끝에 맞이하는 해방을 의미한다. 오늘날 유대인들이 전 세계에 흩어진 동포들을 위해 고대 이스라엘의 현대판을 건설한 것처럼, IS는 21세기를 살아가는 모든 수니파 무슬림을 위해 당당한 이슬람교 정통 칼리프 국가를 건설하고 있는 것이다.

물론 IS 대원들의 야만적인 작태와 이스라엘 건국인들의 행동을 비교하는 것이 엉뚱하고 불쾌하게 들릴 수도 있다. 하지만 이것이 바로 칼리프 국가 건설을 위한 무장투쟁을 바라보는 IS 지지자 혹은 동조자들의 관점이다. 이슬람교 정통 칼리프 국가 건설이라는 메시지는 특히 난파선 같은 오늘날의 중동 정세에서 대단히 강력한 힘을 발휘할 수 있다. 더욱이 이라크와 시리아에서 벌어지는 전쟁이 칼리프 국가의 현대적 부활은 곧 모든 중동 문제에 대한 열쇠라는 믿음을 한층 더 강화했다.

칼리프 국가 재건을 위해 IS가 휘두르는 폭력과 무관하게, 또는 폭력에도 불구하도 현대 칼리프 국가의 인류사적 의미와 초월적 본질은 과거 칼리프 제국에 대한 집단적 기억만큼이나 수니파 무슬림에게 강력한 영향을 미친다. 지난 수십 년 동안 이슬람교 신도와 학자들은 칼리프 국가가 지상에 세우는 천국이며 그 위대함과 영광이 재현될 것이라고 주장해왔다. "칼리프 국가는 히즈브 우트 타리르(이슬람 해방당)가 재건을 부르짖기 시작한 1950년대부터 이슬람 부흥운동의 꿈이었다. 탈레반 지도자 물라 오마르는 원래 칼리프의 칭호 가운데 하나인 '아미르 알 무미닌(신자들의 사령관)'을 자신에게 붙여야 한다고 주장하기도 했다. 오사마 빈 라덴 역시 칼리프 국가 부활을 궁극의 목적이라고 공공연하게 언급했다."[60] 그러나 이들 모두가 칼리프 국가를 실제로 건설하는 일에는 별로 관심이 없었다. 달콤하지만 실현 불가능한 꿈에 불과하다고 본 것이다.

아부 바크르 알 바그다디는 서른한 번째 칼리프 압뒬메시드 1세 (1823~1861) 이래 칼리프라는 호칭을 쓰는 최초의 이슬람 지도자다. 이는 예언자 무함마드를 계승한 처음 네 명의 칼리프가 이끌던 시대, 이슬람이 영토를 넓히고 문화를 꽃피운 초기 황금시대, 즉 잃어버린 시대를 동경하는 심리를 충족시키기 위해서였다.[61]

이런 배경을 감안하면, 20세기 유럽 열강이 아랍에 그어놓은 국경선들이 사라지는 순간을 수니파 과격파들이 왜 그토록 꿈꿔왔는지 쉽게 이해할 수 있다. 이런 꿈을 현실로 만든 존재는 알 카에다가 아니라 바로 IS다.

이스라엘 건국과 이란 혁명의 수단 '폭력'

국력을 널리 떨치던 과거의 역사는, 선택받은 백성이 '약속의 땅'을 되찾게 된다는 운명론과 짝을 이뤄 매력적인 동경의 대상으로 자리잡는다. 우리는 이스라엘이라는 국가를 건설하는 과정은 물론 1978년 과거 페르시아 땅에서 호메이니가 혁명을 일으키는 과정에서도 이러한 사실을 목격한 바 있다. 이란 혁명은 폭력이라는 날개에 과거를 태워서 현재로 데려왔고 다시 미래로 날려 보냈다. 훨씬 더 빛나는 국가를 건설한다는 미명 아래 말이다.[62]

시대를 초월한 종교적 동경의 대상을 현대 국가 체제로 포장하는 일이 이스라엘이나 이란의 사례처럼 우리 시대에 자주 발생한다. 과거의 영광이란 혁명이나 내전, 테러, 정복 전쟁 같은 폭력의 깃발 아래서 재현이 가능한 법이다. 그 결과 재현 과정에서 끔찍한 사건이 수시로 발생한다. 1940년대 시온주의 무장단체들이 그랬고 호메이니 혁명 때 혁명수비대가 그랬다. 다시 말해서 그들은 과거를 청사진으로 제시하기 위해 폭력을 수단으로 활용했고, 그 결과 우리는 그들이 나라를 세우는 진정한 목적이 무엇이었는지 잊어버리곤 했다.

폭력은 목적을 위한 수단에 지나지 않는다. 1978년 이란 정부군과 1940년대 팔레스타인 주둔 영국군처럼 월등한 무력을 지닌 적군을 상대로 공포심을 일으킴으로써 세력 균형을 꾀하는 전술에 불과하다는 뜻이다.

서구 언론매체들이 보도한 내용과 달리, 칼리프 국가는 최근에 우리가 기억하는 무장조직들 이상으로 폭력적이거나 야만스럽지는 않다. 1990년대 코소보에서는 부모 앞에서 어린아이의 머리를 자르고 그걸로 공을 삼아 다른 아이들과 축구시합을 하는 잔학한 사건도 벌어졌다.[63] IS가 다른 무장조직들과 구분되는 점이라고는 첨단 기술을 **73**

활용해서 전 세계 언론매체가 주목하도록 만드는 것뿐이다. 실제로 IS는 트위터에 적의 머리를 잘라 보여주면서 이걸로 축구시합을 하겠다고 비꼬기도 했다. 2014년 월드컵 개막 전날에 말이다.[64]

오늘날 무장조직들은 첨단 기술을 활용해서 폭력을 새롭고 차원 높은 선전 수단으로 삼는다. 예컨대 세르비아 사람들이 그들의 잔혹함을 널리 알리지 못한 반면, IS가 제임스 폴리(미국인 기자로 2012년 시리아에서 납치되었고 이후 소식이 단절되었다—옮긴이)를 참수한 동영상은 삽시간에 전 세계로 퍼져나갔다. 우리는 소셜 미디어의 부재 그리고 피 한 방울 없이 깨끗하게 살균 처리한 전쟁 이미지를 선호하던 신문과 방송 탓에 코소보에서 일어난 끔찍한 만행을 잘 알지 못한다. 하지만 요즘은 IS가 만든 잔혹한 장면이 소셜 미디어를 통해 실시간으로 우리를 찾아온다. 게다가 주류 매체들은 페이스북이나 유튜브 따위를 유심히 살펴보다가 같은 내용을 재전송한다. 폴리 참수 동영상처럼 당국이 검열에 나서는 경우라도 소셜 미디어는 그런 노력을 손쉽게 따돌릴 수 있다.

무장조직이 전파하는 폭력적인 메시지를 첨단 기술이 변화시키거나 증폭시키는 것은 아니다. 적군 내부에 공포심을 퍼뜨리고 잠재적인 추종자들을 확실히 자기편으로 만드는 것은 선전 그 자체다. 내가 인터뷰한 수니파 사람은 바그다드의 자기 집에서 내쫓긴 사연을 들려주며 이렇게 말했다. "시아파 이라크 군인과 경찰의 잘린 머리를 가지고 축구시합을 벌이는 대원들을 보면서 기분이 어땠는지 아는가? 사필귀정이라고 느꼈다. 민병대가 우리를 발로 차서 거리로 내쫓을 때 경찰은 밖에서 웃고 있었다. 우리는 가구며 옷가지, 아이들 장난감까지 모든 것을 남겨둔 채 떠나야 했다. 손으로 집은 것만 가져가도록 간신히 허락했다."[65] 이 사람에게는 IS의 잔혹 행위를 눈으로 확인하는 그 자체가 시아파 전체에 대한 보복을 뜻한다. 그런 행위를 TV 화면으로 봐도 좋고, 불에 탄 블랙워터 용병의 시신들이 이리저리 끌려다니던 팔루자 거리에서 직접 목격해도 좋은 것이다. 효과는 같기 때문이다.

소셜 미디어는 IS가 공포스러운 메시지를 전파하고 세력을 자랑하기 위해 동원하는 수단에 그치지 않는다. 수치를 보면 이해하기 쉽다. IS의 연간 경제활동보고서 '알나바(뉴스)'에 따르면, 2013년 이들은 "이라크에서 1만 건에 가까운 작전을 펼쳤다. 여기에는 암살 1000건, 사제폭발물 제조 4000건, 과격파 수감자 수백 명의 탈옥 등이 포함된다."[66] 2013년 이라크에서 살해당한 사람이 약 7800명이라는 사실을 고려할 때, IS의 주장은 섬뜩한 느낌마저 준다.[67] 같은 보고서에서 IS는 2014년에 수백 명에 이르는 '배교자'의 마음을 되돌렸다고도 밝혔다. 연전연승하는 강력한 군대가 이들을 개종시키는 탁월한 힘을 지녔다면서 말이다. 피비린내 나는 종파 전쟁에서 패배한 적군이라면 승자 편에 붙어서 목숨을 부지할 수밖에 없을 것이다.

전 세계에서 IS를 추종하는 사람이 늘고 있다. IS의 선전에 혹해서 폭력에 마음을 빼앗긴 이들인데, 이런 현상은 IS의 메시지가 지구촌에서 반향을 일으킨다는 뜻이다. 사이버 세계에서도 새롭고 비이성적이며 야만적인 폭력을 만나게 될 거라는 메시지 말이다. 실제로 호주

75

의 무슬림 조직은 무차별적 납치와 참수를 모의하던 중 인터넷에 실행 계획을 버젓이 올렸다가 덜미를 잡히기도 했다. 진짜 전쟁을 포함한 모든 것이 비디오 게임에 불과한 사이버 환경에서 IS의 선전이 한층 퇴행적으로 발현할 것 같아 우려스럽다. 잔혹 행위를 통한 전형적인 선전 방식이 예전과 다른 효과를 일으킨다면, 이는 서구 국가들에게 완전히 새로운 위협이 될 수 있다. 2000년대 초반에 횡행한 사제 폭발물 자살 테러에서처럼, 'DIY(do-it yourself) 방식'으로 이슬람 전사가 되는 사람들을 식별해내기란 매우 어렵다. 아주 오랜 기간 특정 조직에 가담한 적도 없는 데다 클릭 몇 번이면 그만인 세상에서 급진주의를 받아들인 자들이기 때문이다.

IS는 지구촌 시청자들에게 공포를 심어주는 무대 뒤편에서 탈레반이나 알 카에다와 달리 지역 주민들의 수호자 행세를 한다. 복수라는 형식을 취하는 경우는 결코 없다. 그런데 처벌은 대단히 가혹하다. IS는 이슬람주의 사법제도를 포함해 놀라울 만큼 치밀한 행정 체계를 구축했다. 특히 경찰 순찰대는 이슬람 법원의 판결을 거니라 광장한복판에서 공개적으로 집행한다. "시리아 북부 만비즈라는 도시에서 IS 경찰이 강도 네 명의 손목을 자르고 (…) 이웃을 모욕한 사람들은 채찍으로 때리고 가짜 의약품을 압수해서 불태웠으며 변절자와 살인자는 즉결 처형하거나 십자가에 못 박는 경우도 여러 차례 있었다."[68]

서구인들이 보기에 이런 모습은 국민적 합의에서 정통성을 찾는 현대 국가가 아니라 야만적이고 가학적인 점령군의 행태일 것이다. 하지만 수십 년 동안 무질서와 전쟁, 파괴 그리고 공무원과 경찰, 정치인의 부패에 시달린 시리아나 이라크 수니파 사람들의 관점은 다를 수 있다. "당신은 처형에만 관심을 둔다. 그러나 모든 전쟁이 마찬가지다. 배신자도 있고, 스파이도 있고, 그래서 처형도 있는 법이다. 우리는 무료 급식소를 세웠다. 학교와 병원도 다시 문을 열었다. 수도와 전기 공급을 재개했다. 식량과 연료를 사라고 돈도 준다. 유엔이 구호품을 보내지 못하는 동안에도 우리는 아이들에게 소아마비 예방접종을 실시했다. 이렇게 특정 행위가 다른 행위보다 눈에 더 잘 보일 뿐이다. 우리가 도둑을 한 명 처벌할 때마다 당신은 당신의 무관심으로 어린아이 100명을 처벌하는 셈이다."[69]

IS의 정치적 건설 작업이 수니파 주민들에게 주는 호감과 칼리프 국가가 지구촌에 던지는 현실적인 문제를 이해하려면, 역사를 되짚어서 전근대 부족사회 시절에 국가를 건설하는 과정을 살펴볼 필요가 있다.

정복지의 여성과 결혼하는 21세기 로마 전사들인가

IS는 전근대적 독재 및 야만성과 별개로 따뜻한 가정이라는 전통적 가치를 바탕으로 국가를 건립하려고 노력한다. 그런 까닭에 대원들에게 결혼을 권장한다. 승전 기념 행진 때에는 무장대원들이 자동소총을 손에 쥔 자식들을 옆구리에 끼고 행진한다. 칼리프 국가의 수

77

도 라카에서는 선전용 승합차량이 부지런히 오가며 젊은이들을 모집한다. 훈련소에 들어오면 최신식 무기 사용법을 가르쳐준다고 광고한다. 여름이면 밤에 광장마다 이슬람식 여름 축제를 열어 주민들을 초대한다. 그러면 음악과 웃음 그리고 칼리프 국가와 칼리프에 대한 찬양이 잇따른다. 애송이들이 음악에 이끌리고 화려하게 진열된 무기에 혹해서 모여들면 도열한 무장대원들이 권유한다. 새로운 국가를 함께 지키자고 말이다.[70]

칼리프 국가가 소셜 미디어를 통해 묘사하는 세상은 언제나 정복 전쟁을 배경으로 한다. 참수한 머리, 광장 한복판에서 십자가에 매달린 시신, 바깥출입을 못 하는 여성 등 살벌한 중세 시기를 떠올리지 않을 수 없다. 하지만 칼리프 국가에는 이와 다른 측면이 분명히 존재한다. 사실 IS는 칼리프 국가 내부적으로 인도주의적인 면모를 보인다. 서구가 IS의 신병 모집을 저지하고 싶다면 이 점에 대해 대책을 마련해야 할 것이다.

탈레반과 달리 IS는 남자와 여자와 아이들을 칼리프 국가의 시민으로 대접하면서 이들로부터 정통성을 인정받으려고 애쓴다. 나아가 PLO나 ETA(바스크 무장조직), IRA 등 주민 일부만 정통성을 인정하는 조직들과 달리 IS는 지구촌 무슬림 공동체 움마Ummah의 지지를 얻기 위해 노력한다. 그 결과 IS는 과거의 무장조직들보다 더 큰 꿈을 꿀 수 있게 되었다. 엄청난 군사적 성공으로 입증되었듯이 신은 IS의 편이며 '예언자의 후계자' 칼리프는 다시 돌아왔으니, 이제 IS 전사들은 알라의 백성으로부터 지지를 얻고 다음 세대를 낳아줄 여성들에게 사랑을 받을 차례가 된 것이다.

한없는 폭력과 초자연적인 힘으로 정통성을 확보함으로써 잃어버린 황금시대를 되찾으려고 야심차게 국가를 건설하던 사례가 IS 말고 또 있다. 전근대 부족사회로 거슬러 올라가 고대 로마의 탄생 과정을 살펴보자.

로마 신화는 트로이의 생존자들로부터 로마 건설자들로 곧바로 이어지는 혈통을 따라 이야기가 흘러간다. 로물루스와 레무스는, 트로이가 멸망할 때 기적적으로 살아서 도망친 아이네아스 왕자와 그 아들 아스카니우스의 후손이다. 당연한 이야기이지만, 이들의 혈통이 끊어지지 않은 것은 로마를 통해 트로이의 영광을 되살리게 되는 운명 때문이다. 그러나 로마는 트로이의 복사판이 아니라 새로운 트로이였다. 즉 현대라는 새옷을 입고 부활한 것이다. 신임 칼리프에 따르면, 칼리프 국가 역시 과거의 복사판에 불과한 것이 아니라 현 시대에 걸맞은 나름의 정체성을 지닌다.

로마는 새롭게 건설한 도시에 정통성을 부여하는 신화적 배경을 뒤로하고 이제는 정식 국가로 발돋움하기 위한 실천적인 문제들을 풀어야 했다. 우선 점령지에 사람들이 거주하도록 만드는 게 급선무였다. 그러려면 극히 폭력적인 전사들의 야영지에서 어엿한 도시로 변화를 꾀해야만 했다. 이런 변화를 이루기 위해 가장 필요한 것은 바로 가정이었다. 새로 건설한 도시에 인구수를 늘려야 하기 때문이다. 그래서 여자를 찾았다. 몸에 밴 폭력적인 방식으로 이웃 도시 사비니에 쳐들어가 여자들을 납치했다.

79

로마가 성장세를 유지하고 도시를 확장하기 위해 여자를 필요로 했듯이, 오늘날 칼리프 국가도 인구 증가를 위해 여자를 필요로 한다. IS가 점령한 바이지 지역의 보고에 따르면, 대원들이 가가호호 돌아다니면서 기혼 여성과 비혼 여성의 숫자를 물어보는 바람에 주민들이 불안에 떨고 있다. "그래서 집안에 여자가 둘 있는데 모두 결혼했다고 대답했다. 그들은 대원들 상당수가 결혼을 못 해서 아내 될 사람이 필요하다고 했다. 그러고는 안으로 들어와서 여자들 주민증을 직접 확인하겠다며 고집을 피웠다."[71]

흥미롭게도, 사비니 여성을 강간하기 위한 전쟁은 강간 피해자 여성들이 납치범이자 남편인 사람들과 화해하라며 친족 남자들을 납득시킨 덕분에 끝이 났다. 마찬가지로 IS가 도시를 점령하기 전 라카에서도 여자들이 반군들로부터 도시를 보호하기 위해 자신을 인간방패로 내놓은 일이 있었다.[72] 라카는 여러 부족으로 구성된 소도시인데, 원래는 아사드 정권을 지지하다가 지금은 IS에 충성을 바치게 되었다. 이는 지역 주민들과 함께 새로운 국가를 운영하는 IS의 계획이 무엇인지를 보여주는 가장 분명한 사례다. 예컨대 IS는 정복자와 피정복자 사이에 혈연관계를 만들면 내부적 반대를 중화할 수 있을 것이라 기대한다. 무장대원들과 지역 수니파 여성들의 결혼으로 혈연관계가 형성될 경우 견고한 지지 여론과 정통성 확보에 도움이 된다고 보기 때문이다.

칼리프 국가가 던지는 난제 '신종 테러리즘'

IS의 현대성과 실용주의는 현재 활용 가능한 여러 전술을 폭넓게 아우르는 모습에서 확인할 수 있다. 여기에는 첨단 기술 및 통신 기술의 활용 능력, 심리전, 재래식 전투 능력, 수니파 부족 여성들과 무장 대원들의 인위적인 결혼 같은 부족적 관습 등이 포함된다. 이런 측면을 고려하면, IS는 과거와 현재의 모든 의사 국가를 왜소하게 만든다. 나아가 어떤 무장조직도 해내지 못한 위업을 달성하는 데 성공할지도 모른다. 바로 과감한 폭력을 사용해 새로운 형태의 국가, 크기와 힘과 전략적 중요성이라는 면에서 전 세계의 이목을 끌기에 충분한 어엿한 국가를 건설하는 것이다.

사실 IS는 이미 G20보다 더 많은 전 세계 국가들이 자신을 상대로 싸우도록 만들었다. IS와 칼리프 국가를 인정하지 않을 경우 대안이란 현지에서 그들과 전투를 치르는 것일 텐데, 자칫 무고한 민간인이 더 큰 피해를 입고 나아가 중동 전체가 혼란에 빠질 수 있는 데다 장기적으로 성공을 거두리란 보장도 거의 없다. 물론 미국이 공습 계획을 연장하고 대규모 연합군을 조직하겠다고 발표한 만큼 이전투구에 발을 담글 가능성도 배제할 수 없게 되었다.

언젠가 유럽 국가의 수장들이 알 바그다디와 악수하는 날도 올까? 지금은 이런 말이 허튼소리처럼 들릴지 모른다. 하지만 로마인들이 사비니 여성들을 겁탈한 이야기를 떠올리면, 게다가 충분한 공감대마저 형성된다면 모든 가능성은 열려 있다.

이 글을 쓰는 시점에서는 IS와 협상한다는 것이 불가능하다. 그러나 이라크가 쪼개지고 IS가 시리아와 이라크의 수니파 거주지역에 국가를 건설한다면, 나아가 그 영토가 요르단과 레바논 등 기타 전략적으로 중요한 지역으로까지 확장된다면 관점은 달라질 것이다. 서구를 비롯한 전 세계가 유럽의 관문이자 이스라엘과 지척인 땅에 불량국가가 들어서도록 허락할까? 그리고 야만적인 폭력으로 세운 의사 국가가 내부적인 합의를 통해 정통성을 획득하고 현대적인 국가로 변화를 이뤄낼 수 있을까? 만약 그렇게 된다면 IS가 우리의 이익에 반해서 중동의 지도를 완전히 새로 그리기 전에 국제사회의 일원으로 받아들이고 이를 통해 국제법 준수를 압박하는 것이 낫지 않을까? 걸프 만 국가들은 칼리프 국가가 자기네 국경 가까이에 밀어닥치는 걸 두려워한다. IS의 혁명적 기운이 자국에 잠재적 영향을 미칠지 모른다고 우려하기 때문이다.

불량국가와 불량한 통치자들이 이러한 변화를 이뤄낸 사례가 없는 것은 아니다. 리비아의 카다피처럼 말이다. 그러나 한 국가가 순전히 테러리즘과 전근대적 정복 전쟁을 통해 태어난 것은 현대 역사에서 최초가 될 것이다.

오늘날 우리는 이처럼 이례적인 도전에 직면해 있다. 우리가 그 도전에 대해 어떤 접근 방식을 택하건 간에, 칼리프 국가의 탄생은 우리를 일깨워준다. IS가 세상에 없던 신종 테러리즘이 아니라 테러리즘의 새로운 모델이라는 사실을 말이다. 즉 IS는 무장대원들에게 군인 신분을, 주민들에게 시민의 지위를 부여하는 어엿한 국가 건설에 성공함으로써 우리의 고정관념을 깨고 테러의 딜레마를 해결할지도 모른다. 비록 국제사회로부터 인정을 받지 못하고 있지만 칼리프 국가는 그 존재만으로 지구촌이 테러를 바라보는 관점을 바꿀 것이다.

그러면 앞으로 상황은 어떻게 전개될 것인가? 역사상 다른 무장조직들이 이루지 못한 성과를 실제로 내놓게 될 것인가? IS는 사회적 합의를 통한 민주적 정통성처럼 현대 국가의 여러 특성 가운데 일부를 받아들여왔다. 그리고 지도부에 유리하도록 정치적으로 조작하는 법도 배웠다. 역설적으로 IS는 미국이 사담 후세인 타도를 목적으로 만들어낸 알 자르카위 신화의 잿더미에서 자기 자신의 신화를 창조해 영토 지배를 정당화했다.

4장

칼리프 국가는
'이슬람 불사조'인가

2009년 아부 바크르 알 바그다디가 부카 기지에서 풀려났다. 이 기지는 미군의 구금시설로 2001년 9·11 테러 당시 구조에 나섰다가 숨진 마셜 부카 뉴욕 소방국장의 이름을 딴 곳이다. 다른 수감자 수천 명과 함께 알 바그다디가 석방된 이유는 분명치 않다. 다만 이라크 정부가 수감시설을 유지할 여력이 없어서 2010년 미군의 철수를 앞두고 기지를 아예 비운 것으로 추정된다.

"뉴욕에서 봅시다!"

알 바그다디는 기지를 떠나면서 미국 롱아일랜드 출신 예비군들에게 툭하고 농담을 던졌다. "뉴욕에서 봅시다!"[73] 당시 그가 내뱉은 말에 귀 기울인 사람은 거의 없었다. 2014년 늦봄 알 바그다디가 칼리 **87**

프에 등극하자, 예전에 부카 기지를 책임졌던 육군 대령 케네스 킹이 소름끼치는 경고와 다름없는 그 말을 기억해냈을 따름이다.[74]

킹 대령은 알 바그다디가 칼리프로 선출되자 과거 자신의 수감자였던 인물이 세계 최악의 테러리스트라는 사실을 알고는 소스라치게 놀랐다고 회고했다. 알 바그다디는 수감 기간 내내 악랄한 극단주의 수니파로 간주된 적이 없었다. 사실 칼리프 국가 선포를 몇 주 앞둔 시점까지도 알 바그다디와 그의 조직에 눈길을 주는 언론매체는 거의 없었다. 물론 미국이 완전한 무지와 부실한 계획 탓에 거물을 놓친 게 이번이 처음은 아니다. 그럼에도 불구하고 전 세계가 2012년과 2013년 시리아에서 알 바그다디가 거둔 엄청난 성공을 완전히 몰랐다는 것은 충격적이다. 지구촌의 이목이 시리아를 면밀하게 주시하던 시기였는데도 말이다.

미래의 칼리프가 성취한 놀라운 업적들이 세계적으로 악명을 떨친 전임자 알 자르카위의 족적을 따른 덕분이라는 사실 역시 놀랍다. 그러나 슈퍼테러리스트 아부 무사브 알 자르카위의 신화 그 자체는 사실 미국 부시 정권이 만들어낸 것이다. 미국이 선전조직을 가동해서 요르단 출신 지하드 조직 지도자와 관련된 무시무시한 신화를 거짓으로 만들어 전 세계에 유포한 것보다 더 충격적인 사실은 알 바그다디가 이런 미국으로부터 선전 수단과 기술을 빌려왔다는 점이다. 또한 알 바그다디는 부시와 블레어처럼 누구도 상상하지 못할 대단히 야심찬 목표도 마음에 품었다. 바로 칼리프 국가를 세우고 중동의 지도를 새로 그리는 것이었다.

이라크 침공과 날조된 슈퍼테러리스트 신화

많은 사람의 생각과 달리, 아부 무사브 알 자르카위가 지하드 세계의 인기와 미국 최대의 적이라는 위상을 동시에 얻은 것은 '말이 씨가 된다'는 속담에 걸맞은 전형적인 사례로 볼 수 있다. 콜린 파월이 알 카에다의 이라크 책임자로 알 자르카위를 지목하자 이 요르단 사내는 하룻밤 사이에 지구촌 테러계의 벼락 스타로 우뚝 섰다. 지원국들은 알 자르카위와 그의 조직에 돈을 쏟아붓기 시작했다. 알 카에다와 사담 후세인 사이에 아무런 관계가 없고, 알 자르카위는 지하드라는 거대한 연못을 헤엄치는 조그만 물고기에 불과했는데도 말이다. IS의 성공을 감안하면, '말이 씨가 되는' 악몽이 오늘날 우리 앞에 또다시 출몰하기 시작했다.

미국 정부가 쿠르드 첩보기관으로부터 알 자르카위라는 이름을 처음 들은 것은 9·11 테러가 일어난 2001년 말쯤이다. 쿠르드 요원들은 알 카에다가 이라크의 쿠르드 자치주 바자라에 새로운 근거지를 만들었는데 이는 안사르 알 이슬람Ansar al Islam(이슬람 지지자들)이라는 신생 무장조직이 담당한다고 보고했다. 2001년에 이 조직은 알 자르카위와 수감생활을 함께한 요르단 알살트 사람들의 조직 준드 알 이슬람Jund al Islam(이슬람 군대)과 합쳤다.⁷⁵ 쿠르드 첩보기관은 더 이상 확실한 증거를 대지 못한 채 이러한 조직 간의 통합을 두고 알 자르카위와 알 카에다가 연계한 것으로 추정했다. 그리고 두 조직을 잇는 핵심 인물로 알 자르카위를 지목했다. 요르단 사람들과 개인적

89

연계망을 확보한 데다 북부 이라크에서 아프가니스탄을 잇는 지하드 요충지 헤라트에 기지를 운영하는 인물이기 때문이었다.

한편 미국 정부는 알 자르카위에 대해서 아는 게 아무것도 없었다. 이에 요르단 정부에 연락해 추가 정보를 요구했다. 이즈음부터 알 자르카위에 관한 신화를 꾸며내 이라크 침공을 정당화하는 아이디어가 미국 정부 내에서 고개를 들기 시작했다.

미국과 요르단 정부의 합동수사단은 요르단의 새천년 축하 행사 기간에 발각된 알 카에다의 음모 그리고 2001년 이스라엘인 이츠하크 스니르와 2002년 미국 외교관 로런스 폴리 암살 사건을 주도한 혐의로 알 자르카위를 기소했다. 정체불명의 무장조직 '요르단의 귀족들Honorables of Jordan'이 자신들의 소행이라고 밝혔는데도 말이다. 하지만 이런 혐의를 뒷받침할 만한 구체적인 증거는 전혀 없었다. 더구나 2004년 4월 말 알 자르카위가 두 건의 암살 사건에 관한 궐석 재판에서 사형을 선고받았을 때 '요르단의 귀족들'은 알 자르카위가 이 일에 일체 간여한 바 없다는 성명을 발표하면서 폴리와 스니르에게 발사한 탄환의 탄피까지 공개했다.[76]

미국 정부는 알 자르카위에 관한 신화를 꾸며낸 덕분에 많은 이득을 보았다. 2001년 9·11 테러 이후로 2003년 3월 20일까지 미국은 이라크를 공격할 명분을 만들고자 애썼다. 그 결과 사담 후세인 정권 앞에는 대량살상무기를 제작하고 테러조직을 지원한다는 죄목이 붙었다. 하지만 대량살상무기가 존재한다는 증거는 어디에도 없었다. 테러조직을 지원한다는 말도 전 세계를 상대로 이라크 독재자를 제거해야 한다며 동의를 구하는 미국의 카드에 불과했다. 미국 정부는 침공 계획을 실천에 옮기려면 사담 후세인과 알 카에다가 연결되어 있다는 거짓이 참이라고 증명해야 했다. 연결을 증명하는 핵심 고리, 그가 바로 아부 무사브 알 자르카위였다.

▌동굴의 우상과 소셜 미디어의 힘

알 자르카위에 관한 신화를 성공적으로 꾸며낸 것은 두 가지 요인 덕분이다. 우선 언론매체의 힘이다. 콜린 파월이 유엔 안보리에 보고한 무시무시한 이야기를 지구촌 방방곡곡에 뿌렸기 때문이다. 서구 사람들은 9·11 테러의 여파 속에서 이토록 수상한 이야기를 덥석 믿어버리고 말았다. 그로부터 10여 년이 지난 오늘날 IS는 소셜 미디어를 통해 무시무시하고도 새롭지만 역시 거짓에 불과한 신화들을 퍼뜨리고 있다. 그리고 10여 년 전과 마찬가지로 전 세계는 무슨 말이든 쉽사리 믿을 준비가 되어 있다.

알 바그다디와 그 추종자들은 사이버 공간의 중요성은 물론 우리가 테러처럼 미스터리하고 무서운 문제 앞에서 곧잘 비이성적으로 행동한다는 사실을 잘 안다. 정교한 정보 분석에 능통한 것으로 보이며, 특히 공포로 가득한 예언을 널리 전하기 위해 소셜 미디어 관리에 각별히 신경을 쓴다. 말이 씨가 되는 법이기 때문이다. 아울러 언론매체가 소속 기자나 독자들로 하여금 하루 24시간 내내 충격적이

91

고 해괴망측한 사건만 쫓아다니도록 만든다는 사실을, 어떤 사건을 바라볼 때 진실이라는 가치보다 선정성이라는 가치를 우선시한다는 사실을 완벽하게 이해한 것 같다.

앞서 살펴보았듯이 '이라크 이슬람국가ISI' 전사들이 처음 시리아로 넘어들었을 때, 조직의 목적은 자체 영토를 확보하는 것이었다. 이는 워낙 야심찬 계획이어서 알 바그다디와 그 추종자들을 실제보다 훨씬 더 강력하게 묘사하는 신화를 신중하게 꾸며내 널리 퍼뜨리지 않으면 실현할 수 없을 것 같았다. 이에 기술적으로 능통한 선전조직을 두고 IS의 특출한 힘을 자랑하는 거짓 뉴스를 만들어 소셜 미디어를 통해 흘뿌렸다. 이런 전술은 사람을 불러 모으고 돈을 끌어모아 군대를 키우는 과정에 결정적으로 기여했다. 실제로 IS가 2011년 보스니아와 체첸에서 유능한 병사들을 모집할 때 전투 경력이 풍부한 사람들은 시리아 내 다른 조직들을 쳐다보지도 않았다.[77] 선전이 만들어낸 허구가 사람들을 속이고 실상을 은폐한 결과다. 사실 2010년 당시 IS는 죽을 고비를 넘기던 중이었고 지푸라기라도 잡는 심정으로 시리아 국경을 넘은 것이었다.

지금도 IS의 선전조직은 칼리프 국가 안팎에서 쉼 없이 활동 중이다. 유례없이 강대한 국내외 IS군의 애송이 전사들을 신화로 세뇌시키면서 말이다. 라카에서는 벨기에 출신 무장대원과 그의 어린 아들이 선전 차량을 타고 주민지원 프로그램에서부터 일자리 구하기까지 온갖 질문에 답변을 하면서 거리를 오간다. 선전 차량 내부는 CD와 비디오, 리플렛, 사진, 소설 따위로 가득하다.[78] 우리는 플라톤이 동굴의 비유를 들어 지혜로이 가르친, 인류 역사만큼이나 오래된 현상을 목격하고 있다. 동굴에 갇힌 사람은 벽에 비친 그림자밖에 보이지 않는다. 그래서 눈에 보이는 것만 진실이라 믿는다.

첨단 기술의 가치를 폄하한 탈레반과 달리 IS는 최첨단 기술까지 동원해서 선전에 열을 올린다. 여기에는 서구에서 수준 높은 교육을 받은 전문가들도 참여한다. 트위터와 페이스북이 제임스 폴리 참수 동영상을 차단하자 IS 선전조직은 불과 몇 시간 만에 디아스포라에 개설된 사이트를 통해서 다시 게시하는 데 성공했다.[79] 무엇보다 IS의 선전 내용은 잠재적인 지하드 전사들, 특히 서구 사람들에게 상당히 매력적인 것으로 입증되었다. 한 예로 미국 국가안보국NSA이 칼리프 국가로 가겠다고 결심한 서구 사람들, 그 수많은 잠재적 전사의 통신 내용을 엿보다가 체포할 생각이 아니라면, 우리 전화와 이메일을 감시하는 이유가 무엇이겠냐고 따지는 내용도 있다. 2009년에는 미네소타 출신의 젊은 무슬림들이(이 가운데 두 명은 칼리프 국가를 위한 전투에서 숨졌다) IS측과 긴밀하게 연락을 주고받은 사실도 드러났다.[80] 도리어 NSA가 이런 연계 사실을 어떻게 놓칠 수 있는지 의아하다.

IS가 광범위한 선전을 위해 다양한 IT 전략을 활용한다는 사실을 고려할 때 국가 정보기관이 이런 허점을 보인다는 것은 매우 당황스럽다. 한 예로 IS가 운영하는 앱을 살펴보자. "IS가 시도한 전술 가운데 더욱 성공적인 것은 이른바 '기쁜 소식의 여명The Dawn of Glad Tidings'(줄여서 '여명')이라는 트위터 앱을 만든 것이다. 아랍어로 된

이 앱은 IS가 공식적으로 운영하는 것으로, IS 관련 최신 소식을 확인할 수 있다."[81] 앞서 살펴보았듯이 IS는 전 세계의 각종 행사를 선전 목적으로 활용하는 수완도 뛰어나다. "2014년 월드컵 기간에 IS는 #Brazil2014, #ENG, #France, #WC2014 같은 해시태그를 사용했다. 이런 전술 덕분에 IS는 수백만 건에 이르는 월드컵 트위터 검색에 접근할 수 있고, 그 결과 상당수 트위터리안들이 링크를 클릭해서, 특히 영국과 호주 출신 지하디스트들이 서구의 무슬림들을 향해 그들의 대열에 참여하도록 설득하게 만든다.[82]

서구가 한 귀로 흘려버린 시리아의 소리

우리는 이와 같은 문제에 대한 해답 한 가지를 시리아 내전의 속성에서 찾을 수 있다. 리비아나 이라크와 달리 IS는 시리아 내전에서 서구를 진퇴양난에 빠뜨렸다. 서구가 이익이 매우 제한적이거나 전혀 없는 나라를 놓고 러시아나 중국과 관계를 조율하려 들까? 또 이란에 대한 유화 정책을 손보려 할까? 2014년 여름까지 이런 질문에 대한 답은 '아니오'였다. 국제구호단체 직원들이나 언론인, 난민들은 점점 더 많은 전사가 해외에서 시리아 북부로 밀려들었다고 증언한다. 세계 각국의 동향과 맞물린 결과였다. 프란체스카 보리에 따르면, "파도처럼 쏟아져 들어왔다. 이집트에서 쿠데타가 일어난 뒤 무슬림의 형제애를 신봉하는 사람들이 속속 도착했다. 결국 아랍 여러 나라의 운명은 미국이 결정하며 온건주의자들은 민주주의를 위한 투쟁에 반대할 근거를 잃었다고 판단했기 때문이다. 두 번째 파도가 시리아에 몰려온 것은 2013년 7월 아부 그라이브 공격 이후였다. 그 사건으로 감옥에서 탈출한 사람이 많았고 그 밖에 다양한 조직이 내전에 가담했다. 마지막 파도는 2013년 8월 21일 화학무기 공격 이후였다." 해외 지하드 전사들은 대부분 터키 하타이 공항까지 비행기를 타고 와서 국경을 넘어 시리아 북부로 들어왔다. 하타이 공항을 여러 번 이용한 프란체스카 보리는 수많은 무슬림에게 마지막 여행이 되어버린 순례 길의 한 장면을 이렇게 떠올렸다. "터키에서 시리아로 넘어가는 국경은 전 세계에서 날아온 항공사 꼬리표들이 카펫처럼 뒤덮었다."

의심할 나위 없이 터키 정부는 시리아와 접한 국경에서 무슨 일이 벌어지는지를 파악했을 것이다. 또 터키 측이 허락했다면 서구와 이스라엘 정보기관이 현장 상황을 감시했을 것이다. 하지만 서구에서 시리아 내전과 IS에 대해 관심을 기울이기 시작한 것은 IS가 이라크로 옮겨간 뒤였다.

지금은 IS가 지구촌에 뜨거운 감자로 떠올랐지만 그동안 서구 정보기관들이 시리아에서 세력을 키우던 알 바그다디 일당에 대해 관심을 별로 두지 않은 까닭은 여전히 불분명하다. IS가 활동하는 사이버 공간도 뚫고 들어가기란 무척 쉬웠을 것이다. 2013년으로 돌아가보자. 예를 들어 ISIS 대원과 동조자 및 지원자들은 알 바그다디와 알누스라 전선의 에미르emir(사령관) 아부 모하메드 알 골라니가 조

95

직 통합 이후에 벌인 갑론을박을 소셜 미디어에 소상히 올렸다. 또 알 바그다디와 알 자와히리가 시리아에서 전투를 벌일 권한, 아랍권의 여러 조직 또는 국내외 무장대원들을 흡수하는 권한 등을 놓고 충돌하면서 전 세계 지하드 관계자들에게 의견을 달라고 요청한 적도 있다.

"당시 마찰은 실질적인 군사적 역량을 드러내는 목적과 함께 이슬람 율법에 대한 ISIS의 관점을 설득력 있게 알린다는 측면까지 아우르는 것이었다. 사상 투쟁이란 불가피한 것이며 이 과정에서 조직의 차별성이 확실히 부각되는 법이다. 알 골라니와 알 바그다디 그리고 알 자와히리가 주고받은 대화는 이런 맥락이었다. 특히 이들이 교환한 의견은 토론 사이트나 소셜 미디어를 통해 공개되었는데, 알 바그다디가 지도자로서 정당성이 있는지를 검증하는 성격도 띠었다."[83]

9·11 테러 이후 급진주의와 테러 문제를 연구하겠다고 우후죽순으로 등장한 싱크탱크들 역시 이처럼 흥미로운 논쟁에 관심을 두지 않았다. IS가 목적 달성을 위해 소셜 미디어와 최첨단 기술을 광범위하게 활용한다는 것은 어찌 보면 싱크탱크 입장에서 선물이 아닐까? 잡지 『애틀랜틱』은 IS의 소셜 미디어 전략을 직접 분석한 결과 IS가 '가장 인기 있는 해시태그를 알려주는 아랍어 트위터 계정 @ActiveHasbtags를 통해' 한 번 트윗을 날릴 때마다 리트윗을 72번 받는다는 사실을 알게 되었다.[84] 한마디로 알 바그다디의 무장조직은 이들이 활용하는 소셜 미디어를 통해 얼마든지 연구할 수 있었다. 그러나 정책결정자 가운데 그 누구도 IS의 움직임에 주목하지

않았다.

　엉뚱하게도 서구 정보기관과 주류 언론매체들은 IS의 성장세를 2년 동안이나 무시했는데 정작 관심이 생겼을 때에는 엉뚱한 사람들한테 귀를 기울였다. 이는 시리아 내전은 물론 시리아 북부의 IS에 대해 적절한 정보가 전혀 없었다는 사실을 반증한다. 현장을 취재한 기자가 무슨 말을 하는지 귀담아 듣지도 않았다.

　"2014년 4월부터 5월 사이에 나는 터키에서 알레포로 돌아갈 준비를 하고 있었다. 서구 정보요원은 아사드군과 반군이 알레포에서 전투를 벌였다면서 반군이 승리하고 아사드 정권은 무너질 거라고, 국경부터 알레포에 이르기까지 안전하게 이동할 수 있을 거라고 귀띔해주었다. 나는 국경을 넘어 시리아로 들어간 최초의 언론인이었다. 운전수와 나는 전장을 따라서 15킬로미터가량을 이동했다. 나는 우리가 어떻게 목숨을 부지했는지 모르겠다. 하여간 살았다. 나는 터키로 돌아가서 반군은 모두 달아나고 알레포는 정부군이 장악했다고 예의 그 정보요원에게 알렸다. 그런데 내 말을 믿지 않았다. 주요 언론사도 내 말을 기사에 싣지 않았다. 정보기관과 언론은 자기네가 페이스북이나 유튜브에서 확인한 내용과 다르다는 말만 되풀이했다. 소셜 미디어를 통해 반군 측으로부터 내 말과는 다른 소식을 들었다는 것이다. 반군이 승리한 장면만 보았다면서 말이다. 당시에 내 이야기를 보도한 유일한 매체는 『르몽드』였다."[85]

　요즘은 목숨 걸고 진실을 캐는 이탈리아 출신 프리랜서 여기자가 취재한 내용보다 페이스북과 유튜브 및 인스타그램이 훨씬 더 진실 **97**

에 가깝다고 믿는 시대인 것 같다. 소셜 미디어를 이용해서 거짓을 전한 당시의 반군들과 마찬가지로 IS 역시 그런 시대라는 걸 잘 알고 있다.

칼리프 국가의 유혹, 모험인가 유토피아 향수인가

2003년 주류 언론매체들은 알 자르카위가 슈퍼테러리스트라는 정부발 신화를 검증도 없이 퍼 날랐다. 그로부터 10년 뒤, 소셜 미디어도 비슷한 역할을 맡았다. 알 바그다디와 IS의 힘을 일부러 부풀려서 전 세계에 퍼뜨렸던 것이다. 10년 전에 그랬듯이, 아무도 이런 주장을 검증하느라 애쓰지 않았다. 그러나 선전과 뉴스로 만들어낸 환상이 집단적 상상력으로 이룩한 어떤 꿈이나 악몽과 일치하지 않으면 사람들을 실제로 움직이기에는 불충분한 법이다. 우리 지구촌 전체는 9·11 테러의 여파 속에서 마음에 깊은 상처를 입었다. 여론이 부시와 블레어의 거짓말에 쉽게 넘어가는 이유가 여기에 있다. 하지만 IS가 소셜 미디어를 통해 추종자들에게 매력적으로 다가가는 이유를 이해하는 것은 쉽지 않다. 그 추종자는 상당히 많다. 언론 보도에 따르면 IS는 해외에서 무장대원 1만2000명을 모았다고 한다. 이 가운데 2200명은 유럽 출신이다.[86] 물론 심정적 지지자와 동조자는 뺀 수치다. 예컨대 시리아와 이라크에서 IS와 함께 싸우는 호주 사람이 60여 명으로 추정되는데, 호주 국내에서 IS를 지지하는 사람은

100명에 이른다고 한다.[87]

　서구에서 태어난 무슬림으로 전문직에 종사하던 청년들이 인생을 송두리째 내던진 채 알지도 못하는 나라에서 중세를 떠올리게 하는 정복 전쟁에 가담하도록 만드는 동기는 대체 무엇일까? 한마디로 말해서 IS가 이들에게 가장 매력적으로 다가가는 측면은 무엇일까? 우리가 반드시 답을 찾아야 하는 질문이 아닐 수 없다.

　어떤 측면에서 IS에 가담하는 행위는 중동 지역에서 고통받고 있는 무슬림 형제자매들을 돕는 것이다. 연합군이 이라크를 침공한 뒤 서구에서 잇따랐던 자살폭탄 테러에서도 확인할 수 있는 대목이다. 하지만 무슬림 청년들이 지하드에 가담하는 데에는 아마도 다른 동기가 더 있는 것 같다. 이들은 중동에 새로운 정치적 질서를 세우고 (물론 어느 정도 인종청소 작업을 벌인 뒤이겠지만) 인종차별과 종파갈등이 없는 현대적 국가를 수립하는 대업에 참여한다는 것을 더없이 귀한 기회로 여길 것이다. 부패하지 않고 부패할 수도 없는 국가, 진정한 형제애로 가득한 국가, 서구 또는 서구화한 무슬림 여성들이 남자를 유혹하지 않는 사회, 명예를 고귀하게 여기는 국가, 신의 명령에 철저히 부합하는 현대 국가를 기대하면서 말이다. 왜일까? 칼리프 국가가 무슬림들을 향해 수 세기에 걸친 고통에서 벗어나게 해준다고, 수니파를 위한 21세기판 유토피아를 건설하겠다고, 수 세기 동안 학자들이 고안해내려고 했지만 헛수고로 끝났던 그토록 매력적인 철학적 구조물을 선사하겠다고 약속했기 때문이다. 그런데도 서구를 비롯한 전 세계는 2014년 여름까지도 이들의 실체를 무시하고 있었다.

99

이와 같은 분석이 정확하다면, IS가 지닌 최고의 매력은 서구의 전문직 청년들로 하여금 칼리프 국가가 유토피아를 실현할 수 있다는 믿음을 갖게 만드는 능력에서 나온다. 1940년대 시온주의 운동이 지구촌 유대인 공동체가 유토피아 국가 건립에 뜻을 모으고 이스라엘 부활이 가능하다는 믿음을 심어준 것처럼 말이다.

하지만 이스라엘 건립 초기와 달리, 시리아와 이라크 현지 사람들은 외국인의 존재를 반기지 않는다. 프란체스카 보리는 회상했다.

"2012년 가을 내전에 참가하려는 외국인들이 처음으로 시리아에 발을 디뎠다. 시리아 사람들은 그들을 들여보내줬다. 내키지는 않았지만 도움이 절박한 상황이었기 때문이다. 그래서 아사드 정권이 붕괴하면 외국인들은 떠날 것이라고 줄곧 이야기했다. 그러나 이들이 시리아에 주저앉을 거라는 사실을 모르는 사람은 없었다. 지역 주민들과 거칠고 폭력적인 외국인 전사들 사이에는 언제나 팽팽한 긴장감이 흘렀다. 외국인 전사들은 주민들과 달리 독재나 전쟁을 경험한 적이 없었다. 또 언론인들을 의심하고 해코지했다. 나는 시리아 사람들과 아무런 문제가 없었다. 하지만 IS가 침투시킨 뉴질랜드 사람한테 협박을 당한 적은 있다. 그는 서구에서 파견한 구호단체 직원 신분으로 시리아에 들어온 사람이었다."[88]

모든 대원이 새로운 무슬림 국가나 이상향의 실현을 꿈꾸는 것도 아니다. 상당수의 서구 젊은이들은 지하드 또는 반군에 동참하는 것을 모험으로 여긴다. 여름방학 해병대 캠프처럼 말이다. 이런 젊은이들이 가장 위험하다. 현지 사람들이 느끼는 고통을 이해하거나 공감하지 못하기 때문이다.

칼리프 국가와 알 바그다디는 불사조로 날 수 있을까

이라크는 물론이고 시리아에서 알 바그다디와 그의 조직은 수니파 사람들에게 승리에 대한 믿음을 심어주는 일에 신기할 정도로 능숙하다. 과거에는 국가를 실제로 운영할 수 있을 만큼 준비된 무장조직이 없었다. 상하수도를 관리하거나 도로를 닦는 법도 모르고 인터넷을 활용해서 지구촌을 상대로 사람과 돈을 끌어모으는 법도 몰랐다. 공동체 내부에 공감대를 형성하는 법은 더더구나 몰랐다. 우리가 아프가니스탄에서 목격한 이런 실패들은 과격한 살라피즘에 따른 전근대적 국가 비전 탓이었다.

물론 지하드 운동의 궁극적인 목표는 언제나 칼리프 국가의 부활이었다. 하지만 모호하고 낭만적이어서 현시대에는 도무지 적용할 수 없는 발상에 불과했다. 마찬가지로 살라피즘 역시 현대적인 국가 건설을 배격한다. 오히려 과격한 살라피즘은 7세기 아라비아 당시에 스스로 선언한 이상적인 사회 개념보다도 융통성이 떨어진다. 탈레반이 음악과 라디오 및 텔레비전을 금지한 것처럼 현대 국가의 기반시설부터 첨단 기술에 이르는 모든 것을 불필요하며 위험하다고 여기기 때문이다.

이에 비해서 IS가 시리아에 영토를 확보하고 현대 국가의 다양한

101

행정 수단을 동원해 공동체 내부에 정치적 권위를 세운 것은 실로 이례적이라 할 수 있다. 지하드 연구의 권위자 제이슨 버크는 다음 과 같이 설명한다.

"알 바그다디는 국가권력을 확립하려는 정치적 이슬람주의자들의 목적과 조금 거칠어도 국제사회가 인정할 만한 국가를 만들려는 신 전통주의자들의 한층 더 세계적인 전망을 하나로 통합했다. 이 두 가 지는 IS가 세력을 더욱 확장하는 디딤판으로 작용할 것이다. 이러한 통합은 전례가 없으며 앞으로 매우 강력한 영향력을 발휘할 것이 다."[89]

알 자르카위 신화를 꾸며낸 것은 결과적으로 성공이었다. 9·11 테 러가 터진 뒤에 알 카에다가 저지른 만행을 낱낱이 설명하려다보니 한 사람만으로는 도저히 안 되겠다 싶었던 것이다. 그래서 혐오스러 운 독재자 사담 후세인을 갖다 붙였다. 아울러 부시와 블레어는 속일 테면 속여보라던 지구촌 시민들과 각국 정부를 속이는 데 성공했다. 세상 사람들은 대부분 현대 국가에서 허구한 날 싸우는 정치인들을 선과 악 두 부류로 확실히 나눌 수 있다는 터무니없는 믿음을 아직 도 굳게 지킨다. 하지만 이런 환상에서 벗어난 사람들은 알 카에다와 사담 후세인 사이엔 아무런 관계가 없다는 사실, 그리고 이라크를 침공한 결과 중동 전역을 불안에 빠뜨렸다는 사실을 잘 안다.

오늘날 환상을 거부하는 이들은 칼리프 국가와 알 바그다디에 대 해 또다시 엉뚱한 신화를 만들어내는 IS에 비판적이다. 소셜 미디어 가 또다시 '말이 씨가 되는' 상황을 만드는 건 아닌지에도 예의 주시하고 있다. 한편 서구 열강과 지역 세력이 손잡은 탓에 전쟁과 파괴로 수십 년간 고통받은 수니파 아랍인과 무슬림들은 찬란했던 과거의 잿더미에서 마침내 거대한 불사조가 날아오르리라고 간절한 마음으로 믿는다. 지옥 같은 현실 대신 그토록 바라던 해방을 신사할 국가나 지도자를 절박하게 기다리는 것이다. 칼리프 국가와 알 바그다디가 바로 그 불사조일까? 서구를 비롯한 전 세계는 절대 아니라고 생각하지만, 정답은 오로지 중동 사람들만 내놓을 수 있다.

5장

'건국'이라는
현대판 지하드

이슬람국가 탓에 불거진 중동의 불안정화는 여러 지역 세력이 기묘한 협력관계를 맺도록 했고, 유럽과 미국은 일련의 불가사의한 시나리오에 직면하게 되었다. 우선 2014년 여름 이란과 사우디아라비아가 이스라엘과 다툼을 벌이고 있는 팔레스타인을 지원했다. 게다가 이란과 사우디아라비아는 칼리프 국가를 없애기 위해, 곧 IS의 해체 가능성을 의논하고자 비밀 회담을 가졌다. 한편 미국은 비밀리에 시리아의 '반정부 조직'에 무기를 제공했다.(이 조직이 이른바 이슬람 평신도가 아니라 주로 지하드 전사로 구성되었음에도 불구하고.) 이어 오바마 대통령은 비록 유엔의 승인을 얻지 못해 이름뿐이지만 서방 측과 아랍 국가들로 구성된 자발적인 국가 대연합의 지원 아래, 시리아에 있는 IS의 본거지를 공습하기로 결정했다. 그러나 가장 놀라운 일은 이런 뜻밖의 동맹관계가 아니다. 미국이 '민주 이라크' 건국에 실패하고 있는 것과는 대조적으로, 시대에 역행하는 듯이 보이는 무장조직이 '국가 건립'에 놀랄 만큼 눈부신 성공을 거두고 있다는 점이다.

서구 민주주의의 확산을 뛰어넘는 동기부여 '칼리프 국가'

미국은 베트남 전쟁 이후 반세기 이상 거의 끊임없이 전쟁을 벌여온 나라다. 그들의 말을 빌리자면 "민주주의를 퍼뜨리기 위해서"였다. 어쨌든 미국은 "전면 침공과 점령 지역에서의 게릴라 폭동 진압 작전, 대리전쟁까지"90 온갖 종류의 전쟁을 계속해서 되풀이해왔다. 그러나 미국 군대가 대단한 전과를 올려온 것은 아니다. 이라크에서는 특히나 그렇다. 미군이 이슬람 전사를 섬멸하기 위해 모술을 점령하고, 다시 빼앗기고, 다시 탈환했던 일을 어떻게 잊을 수 있겠는가? 미군은 팔루자에서 두 차례에 걸친 전투로 인해 큰 손실을 보았다. 그런데도 부시와 블레어의 군대는 이라크에서 철수할 때 "개선victorious"91했다며 요란을 떨었다. 하지만 이 책을 집필하던 당시에는 모술도, 팔루자도 칼리프 국가의 통치 아래에 있었다.

미군이 주춤대는 것과는 매우 대조적으로, 고도의 첨단 기술을 구사한 프로파간다와 매력적인 신화를 통해 전사를 모은 IS는 정복 전쟁을 유리하게 펼쳐왔다. 그들은 테러리스트 전법으로 지하드, 즉 "신의 대의를 위한 성전"이라는 이데올로기적 기치를 내걸고 싸우고 있다. 지난 50년간 미군의 많은 패배가 보여주는 것처럼, 군사적 우위가 승전을 보장하지 않는다면, 군사적 승리의 열쇠는 뭔가 다른 곳에 숨어 있어야 한다. 이것은 가령 동기부여 같은 것인지도 모른다. 미국과 IS의 군대는 어떤 동기부여를 품고 싸우고 있는 것일까?

어느 쪽 군대라도 자신의 행동을 정당화하기 위해 그나큰 명분을 내세우고 있다. 이는 다음과 같은 질문을 던지게 한다. 고대 칼리프 국가의 판도에 근본적인 살라피주의자(이슬람 근본주의자) 국가를 다시 건설하겠다는 약속이, "(서구) 민주주의의 확산" 과정 중 부수적으로 서구의 다국적기업이 시장경제 식민지를 탄탄대로로 닦겠다는 의지보다 호소력이 훨씬 더 큰 것은 아닐까? 지난 11년 동안 눈으로 목격한 바로 판단하건대, 이 질문에 대한 정답은 '그렇다'이다. 알 바그다디의 성전이 서구 민주주의의 수출보다 훨씬 더 강력한 동기부여라면 그가 좇는 싸움이 어떤 유형인지를 이해하는 것이 시급하다.

▌대지하드와 소지하드

예언자 무함마드가 죽은 뒤 울라마Ulema(이슬람교 법학자—옮긴이)가 설파한 지하드는 코란과 예언자의 가르침으로 면밀하게 정련된 논리다. 하지만 지하드는 두 종류다. 하나는 거의 정신적인 의미인 '대大지하드'다. 무슬림 각자가 개인적인 유혹과 일상적으로 벌이는 싸움이다. 또 하나는 '소小지하드'로 적(이교도)과의 물리적 싸움을 가리킨다. 오늘날 만인의 입에서 오르내리는 화제는 후자인데 그 개념은 수 세기를 거치면서 차츰차츰 진화해왔다. 한편 대지하드는 여전히 변하지 않고 원래 그대로다.

이슬람이 이미 초강대국이던 시대에 고안된 소지하드 개념에는 제국적인 이념이 반영되어 있다. 즉 소지하드는 신도들의 공동체를 지키는 무기였던 셈이다. 당시 이슬람 법학자는 소지하드를 또한 방어와 공격, 이 두 가지 틀로 나누었다. '방어적인 소지하드'는 이슬람 공동체 성원 모두에게 의무였다. 이슬람 공동체를 적으로부터 지켜내기 위해서는 누구나 무기를 들고 싸워야만 했다. 반면 '공격적인 소지하드'는 이슬람 공동체의 최고지도자인 칼리프만이 명령을 내릴 수 있었다. 그 목적은 이슬람 공동체를 지키는 데에만 머무르지 않고 확장하는 것이었다. 현재 IS가 수행하고 있는 지하드는 방어와 공격 두 가지 모두다.

칼리프 밑에 충분한 수의 전사들이 갖추어져 있는 경우, 일반 시민은 공격적인 소지하드를 전개하는 데 소집되지 않는다. 그러나 병사의 수가 모자랄 때 진정한 무슬림은 정신적, 정치적 지도자의 부름을 무시할 수 없다. 이 원칙은 오늘날에도 여전히 살아 있다. 그래서 알 바그다디는 예언자 무함마드의 정통 후계자로서 정복 전쟁을 수행할 권리를 지닐 뿐만 아니라 전투 지역의 모든 무슬림에게 동참을 요구할 자격이 있다. 게다가 칼리프 국가로의 이주를 요청할 수도 있다. 알 바그다디는 칼리프 국가 재건 선언문에서 "IS로 이주가 가능한 이들은 이주해야만 한다. 이슬람의 집으로 이주하는 것은 무슬림의 의무"[92]라고 선포했다.

이렇게 현대 칼리프 국가를 자처하는 조직이 출현하자 다른 지하드 조직이나 지도자의 권위는 순식간에 곤두박질쳤다. 어떤 의미에서 IS는 모든 무슬림 국가 정부의 정통성에 도전하고 있다. 왜냐하면 IS의 정통성은 분명히 칼리프의 권위에 의거하고 있기 때문이다.[93] 이 주장은 칼리프 국가가 기존의 무슬림 국가들과 그 외 나머지 세계에 가하는 위협의 방식을 평가하는 데 있어 간과해서는 안 되는 지점이다. 실제로 오바마 대통령이 NATO 회원국을 축으로 꾸리고 있는 자발적인 국가 대연합에는 2014년 9월을 기점으로 복수의 무슬림 국가들이 적극적으로 참여했다. 그들은 IS의 영토 팽창이 중동 지역에서 더 이상 확대되는 것을 기필코 막아내려 하고 있다.

인질 석방 협상에 응하지 않겠다는 미국과 영국의 전략에 따라 영국인과 미국인은 납치를 당하면 참수된다는 것쯤은 잘 알고 있다. 지하드 전사의 채팅방과 트위터 메시지를 보면, IS 동조자들은 이 전략이 '대중적인 공포심'을 자아내게 한다며 옹호하고 있다. 일단 IS에 대한 공포가 심해질수록 IS 지지자들의 군사행동에 대한 지지가 폭넓게 확산되는 중동 내의 정치 환경이 조성될 것이기 때문이다. 마치 2003년 이라크 침공 때와 같은 모양새다. 다만 이번 공격의 목적은 중동의 서방 동맹국, 즉 사우디아라비아를 비롯한 페르시아 만 연안 국가들(이란·이라크·아랍에미리트·오만·카타르·바레인·쿠웨이트)을 칼리프 국가의 혁명적인 메시지로부터 지켜내는 데 있다. 만약 방치해놓으면 칼리프 국가는 정말로 이들 서방 동맹국 내부에서 혁명을 일으킬지도 모른다.

111

건국이라는 새 이념을 지하드에 심다

'소지하드'는 이슬람 제국 세력이 쇠퇴하면서 시대의 요구에 걸맞게 새로운 의미를 띠게 되었다. 제3차 십자군 전쟁 때 서유럽 기독교 세력의 무자비한 폭력에 맞선 이집트·시리아 아유브 왕조의 술탄 살라딘(1138?~1193)은 소지하드 개념을 다시 정의했다.[94] 이후 이 말에 담긴 근본적인 이슬람 정신은 그들의 성공적인 성지탈환 전투에서 신봉자들의 사기를 드높이는 정신적 원천이 되었다.

20세기에 들어서자, 대對 십자군 전쟁의 영웅 살라딘의 지하드를 기억하는 일은 중동 국가가 유럽 제국주의 종주국으로부터 독립전쟁을 꾀한다는 것과 동일시되었다. 영국의 군사 점령 아래 놓여 있던 이집트에서는 무슬림 형제단Muslim Brotherhood을 창단한 하산 알 바나가 지하드를 '반反식민지 저항'으로 재규정하고, 영국으로부터 완전한 독립을 꾀하기 위해 투쟁했다. 수십 년 뒤 이집트 이슬람 사상가이자 무슬림 형제단의 정신적 지도자인 사이드 쿠틉(1906~1966)은 지하드를 '혁명'이자 '체제 전환의 수단'으로 변형시켰다.[95]

이렇게 1950년대 후반 이후 현대 지하드의 의미를 둘러싼 논쟁은 세 개의 개념적 범위(대 십자군 전쟁, 반식민지 투쟁, 혁명) 내에서 전개되었다. IS는 이 세 가지 특질을 모두 흡수하고, 소지하드에 '건국'이라는 완전히 새로운 의미를 부여했다. "무슬림들은 당신들의 나라로 서둘러 돌아가라." 알 바그다디는 그의 칼리프 선언문에서 호소했다. "(IS는) 당신들의 나라다. (…) 이는 당신들에게 하는 충고다. 만약 당신들이 이 나라를 지킨다면 로마를 정복하고 세계를 소유하는 것이다. 알라가 원한다면."**96**

여기서 대 십자군 전쟁은 중동에서 서구의 문화와 권익에 맞서 싸운다는 것을 뜻한다. 서구 열강은 부패한 무슬림 엘리트들과의 동맹 관계를 통해 이익을 지켜왔다. 이는 알 바그다디가 벌이고 있는 구식 정복 전쟁의 근거가 되었다. 또한 정복한 영토에서 국가를 세우려면 '정권 교체'가 필요하다. 따라서 외국 열강들의 눈치나 살피는 타락한 엘리트들에게 지배를 받고 있는 중동 국가들, 특히 시리아와 이라크에서 알 바그다디가 펼치고 있는 정복 전쟁에는 '혁명'이라는 본질도 내재해 있는 것이다. 하지만 이 현대 지하드가 이슬람교도들 사이에서 특별히 강한 설득력을 지니는 까닭은 두말할 필요 없이 비교적 단기간 안에 뜻밖의 성공을 거두고 있는 '칼리프 국가 건설'을 수행하고 있다는 특징 때문이다.

IS는 조직이 아니라 국가다!

알 카에다는 수니파 원리주의 조직이지만 칼리프 국가 재건과 관련된 일은 단 하나도 수행하지 않고, 또 일반적인 국가 건설에도 적극적으로 몸담은 적이 없었다. 그러기는커녕 이 조직의 지도자들은 미국을 공격하겠다는 계획을 세우는 데만 지나치게 몰두했다. "알 카에다는 하나의 조직에 불과하지만 우리는 국가다!" 이것은 『뉴욕타임

113

스』의 온라인 채팅방에 IS 전사 아부 오마르가 그의 이름을 걸고 올린 말이다.**97** 이 단언은 두 개의 무장단체가 수많은 무슬림의 눈에 어떻게 비치고 있는지를 웅변해주는 동시에, 각각의 집단이 세계에 도전장을 내밀고 있는 난제의 차이를 정확하게 요약하고 있다.

이 분석에 따르면, 9·11 테러는 서구의 면상에 펀치를 한 방 날린 것에 불과하지만, 칼리프 국가 건설은 구미의 주요 중동 동맹국들을 기절시키는 강력 펀치다. 이 일격은 서구와 그 친구들, 즉 중동의 소수 독재자 엘리트들에게 유리하도록 설계된 지정학적 질서 그 존재 자체를 위협하고 있다. 서구 사람들에게는 경천동지할 사건일지 모르지만, 중동 지배층에게는 그렇지 않았다. 9·11 테러 직후에 이미 사우디아라비아의 정보기관 수장은 영국 비밀 해외정보부 MI6 장관 리처드 딜러브 경에게 이렇게 말했다. "9·11 테러는 단지 서구를 희롱한 것에 불과하다. 중기적으로 보면 이것은 개인을 표적으로 삼은 일련의 테러 참사의 연장선상에 지나지 않는다. 사실 테러리스트들은 사우디아라비아 왕실을 섬멸하고 중동을 새롭게 재편하길 원하고 있다."**98** 딜러브에게 전해진 이 전율할 만한 예언을 IS는 지금 현실로 만들고자 악전고투하고 있다.

옛 칼리프 이슬람 제국을 현대에 부활시키려는 지하드 무장조직이 중동의 지배층에게 도전장을 내미는 건 단지 시간문제였던 것이다. 궁극의 무슬림 유토피아(새로운 칼리프 국가)를 무장단체가 구체적인 형태로 다듬고 현대적인 프로파간다 수단을 동원해, 실행 가능한 청사진으로서 수백만이 넘는 수니파 무슬림 앞에 덜컥 내놓았다. 어차

피 언젠가 그런 날이 오리라는 것은 예견되었던 바나 마찬가지였다. 물론 수많은 무슬림의 눈에는, IS도 지금까지 세워지고 나타났던 예전의 조직이나 운동과 마찬가지로 단지 수십 년간의 억압, 부패, 비리의 결과물에 다름 아니다. 하지만 IS가 예전의 여느 조직 운동과 다른 점은 다극화된 최근의 지정학적 정세에 훌륭하게 적응해 자신들의 영토 내에 살고 있는 주민들에게 실용주의적으로 접근하고 있다는 것이다.

IS의 내재적인 특성, 즉 이 지역에서 탄생해 국내 문제에 민감한 것도 IS의 행동이 강한 호소력을 지니는 요인이다. 이와는 매우 대조적으로 알 카에다는 언제나 이질적인 외국인 조직으로 간주되어왔다. 알 바그다디가 2010년에 조직의 이름을 '알 카에다 이라크 지부'에서 '이라크 IS'로 바꾼 까닭은 그러한 인상을 피하려는 포석도 깔려 있었다. 사실 알 카에다가 중동에서 찬밥 신세가 된 이유는 대다수 무슬림의 삶과는 완전히 동떨어진 사우디아라비아의 백만장자와 이집트 지식인에 의해 운영되었기 때문이라기보다는, 지하드를 중동 밖에서 수행하자는 결정을 내린 것 때문이었다.

9·11 테러 사건이 미국을 상대로 한 전쟁의 서막을 연 것은 틀림없다. 그러나 미국은 아득히 먼 저편의 적이었다. 난민 캠프로부터도, 중동 사람들이 나날이 겪는 고통으로부터도, 그들을 닦달하는 부패한 아랍 체제의 부정의로부터도 지리적으로 너무나 먼 나라였다. 더구나 9·11 테러를 지지한 것은 일부 지하드 집단에 불과했다. 미국의 힘을 약화시켜 중동의 과두독재 지배 체제로부터 그 후원자를 빼앗

겠다는 의도를 갖고 미국의 심장부에 가한 이 테러 공격을 서구 언론들은 지하드의 상징으로 추대했다. 비록 중동에서 뉴욕 쌍둥이 빌딩의 붕괴에 대해 크게 기뻐한 사람도 분명히 존재했겠지만, 중동 지역 전체의 합의로는 그런 전법이 전혀 좋은 결과를 가져오지 못할 것이라는 점에서 일치했다. 그러기는커녕 오히려 머나먼 적에게 싸움을 걸면 자기 발밑에서 끔찍한 결과가 초래될지 모른다. 과연 그렇게 된 형국이었다.

돌이켜보면 멀리 떨어진 적을 공격하는 작전이 어리석은 짓이었다는 것은 명백한 사실이다. 그래도 어쨌든 오사마 빈 라덴은 다른 대부분의 지하드 조직이 자금난으로 고생할 때 9·11 테러 계획을 입안하고 실행할 만한 수단을 갖고 있었다. 반대로 요즘의 상황은 딴판이다. IS가 이슬람의 역사적인 땅에 칼리프 국가를 운영하면서 역사적으로 실재했던 알 카에다의 핵심 세력은 사라졌다. 빈 라덴은 사망하고 알 카에다 조직은 그저 하나의 지하드 집단으로 전락했다.

알 바그다디가 시리아와 이라크에서 국가를 세우려고 한 분투에는 그 지리적 입지로 인한 강한 매력이 숨어 있었다. 어느 시대에든 이슬람에게 지리적인 요소는 종교적으로나 정치적으로 매우 중요한 의미를 지닌다. CNN의 한 다큐멘터리 프로그램에서는 터키 남부 하타이 근처의 국경에서 외국인 전투원을 밀입국시키는 업체가 시리아로 들어가는 남자들이 어떤 감정을 느끼는지를 설명했다. "많은 전투원에게 국경을 넘는 것 자체가 종교적 체험이다. 담장이 설치된 곳까지 오면 그들은 무릎을 꿇고 목이 멜 정도로 흐느껴 운다. 마치 가족

이상으로 소중한 그 무언가를 만난 것처럼. 이 시리아 땅이야말로 신의 심판이 내리는 땅이라고 그들은 믿고 있다."[99]

옛 칼리프 제국이 지배했던 땅이 갖는 문화적 효과는 화려했던 문화의 영광이 풍미된 뒤 수 세기가 지난 오늘날에조차 여전히 중동과 북아프리카 지역에서는 공통의 언어로 뿌리 박혀 있다. 마찬가지로 칼리프가 통치하는 정통 무슬림 제국의 소멸이 수 세기에 걸친 압제와 굴욕을 초래하고, 이슬람교 신자들의 정체성과 자존심에 깊은 흉터를 새긴 것도 잊지 못하고 있다. 유럽인들이 이 역사적이고 오래된 제국의 판도를 제멋대로 나눠버릴 때 이러한 상처는 더더욱 깊이 파였다. 11세기부터 몇 차례씩이나 되풀이되어온 무슬림 재건운동은 늘 과거 칼리프 이슬람 제국의 국경 경계선을 부활시키겠다는 향수 어린 꿈에 의해 길러져왔다. 이 지역의 지도를 다시 그릴 수만 있다면 마치 마법처럼 옛날의 영광도 되찾을 수 있을 거라는 지리학적 노스탤지어였다.

알 바그다디와 알 자르카위의 지하드 구상을 배태시킨 것은 가장 최근의 급진적인 살라피즘 운동이지만, 그 탄생 배경에는 지리적인 요소가 중요한 의미를 갖는다는 점을 망각해서는 안 된다. 이 운동이 과격화되는 데 기폭제 역할을 한 것은 요르단 정부와 이스라엘이 1994년에 체결한 이스라엘·요르단 평화조약이다. 수많은 무슬림이 이 조약 체결을 심각하게 받아들였다. 칼리프 이슬람 제국 영토의 일부로 여겨지던 땅에 이스라엘의 지리적 점유권을 공식적으로 인정했기 때문이다. 이 조약의 체결은 지하드 운동에 중대한 분수령이 되었

117

고, 비밀스럽고 새로운 살라피즘 조직들이 속속 나오게 했다. 그중 하나가 요르단인 알 자르카위의 알 타우히드al Tawhid다.

6장

아랍 근대화에서 이슬람 정화로 변신한
'살라피즘'

오늘날 우리가 목격하고 있는 중동 사태의 근본적인 원인은 아랍 정치가들이 이스라엘을 무슬림의 땅에서 정치 주체로 인정한 이례적인 정치 사건으로까지 거슬러 올라간다. 이는 살라피주의자에게는 궁극의 배신이었다. 왜냐하면 그 땅은 고대 칼리프 제국의 영토였기 때문이다.

살라피즘의 원래 목표 '아랍 근대화'

아랍 세계에서는 1990년대 전반에 똑같은 목적을 가진 조직이 반反소비에트(구소련) 지하드 조직의 베테랑 멤버들에 의해 차례로 결성되었다. 가령 알제리의 무장 이슬람그룹Groupe Islamique Arme, GIA, 예멘의 아덴-아얀 이슬람군Aden-Abyan Islamic Army 등이다. 아부 무사브 알 자르카위가 애초에 속했던 살라피즘 원리주의 조직인 '알 타우히드'도 그중 하나로 처음에는 다른 집단과 거의 똑같았다. 이러한 무슬림 무장조직들은 모두 같은 목적을 공유하고 있었다. 오로지 이슬람 세계에 지하드 혁명을 불타오르게 해 친서구 정권을 축출하는 것이었다. 그렇기 때문에 그들은 무기를 들고 내전이나 반란fitna을 일으켜, 살라피주의자 입장에서 보면 우상숭배taghut를 하고 있는 현존하는 아랍 체제를 무력으로 쓰러뜨리려고 했다.**100** 알 자르카위는 감옥에서 나온 뒤 알 타우히드에 참여하면서 점차 에미르로 뛰어올랐다. 그리하여 이라크에 자신의 무장조직을 편성했을 때 그 명칭을 '알 타우히드 알 지하드'로 바꿨다. 알 자르카위와 알 바그다디가 지하드 구상을 공유하는 데는 모두가 살라피즘 교리를 신봉한 것이 바탕이 되었다.(알 바그다디는 신앙심 깊은 살라피주의자 집안 출신이다.)**101**

하지만 19세기 후반에 탄생한 살라피즘이 처음부터 반反서구주의를 내세웠던 것은 아니다. 실제로는 그 반대였다. 이 운동은 본래 근대화된 서구를 찬양했기 때문에 생겨났다. 유럽의 발전에 매료된 아랍 국가들은 자신들의 사회경제적, 정치적 상황을 유럽과 비교하기 시작했다. 이러한 평가가 당시 아랍 세계를 지배하고 있던 정치 세력인 오스만 제국의 위기에 대한 깊은 반성을 촉발시키자, 이와 동시에 서구 문명에 대한 강한 관심을 불러일으켰다. 아랍 세계에서는 이 과정을 알 나흐다al Nahda(아랍문화부흥운동)라고 부르는데, 글자 뜻대로 '각성' 혹은 '르네상스'란 의미다. 아랍 사상가들이 지금까지 몰랐던 서구의 혁명적인 이념들을 마주하면서 탄생한 알 나흐다는 아랍의 근대화와 연결되기 시작했다. 아랍은 이제 근대화의 의지를 불태웠다. 아랍 세계가 본질적으로 소수 독재자가 아닌 의회가 결정권을 가진 유럽 국가들의 사회경제적, 정치적 우위성을 깨달을 것이나. 구대륙이 이룩한 문명의 성취를 두 눈으로 목격한 아랍인들은 오스만 제국의 해체로부터 생겨난 신생 아랍 국가에는 서구의 정치 문화를 모방한 근대적인 무슬림 정치체제를 세우기를 바랐다.[102] 국민국가 건설이라는 화두가 진보적인 무슬림에게 아주 커다란 매력적인 울림을 가져다주던 때였다.

이러한 경위로 알 수 있듯이 살라피즘은 원래 아랍 세계의 근대화를 목표로 한 사상이었다. 살라피주의자의 관점에서 보면 아랍이 유럽처럼 성장을 이루지 못한 것은 오스만 제국 탓이 컸다. 이 저개발을 극복하기 위해 살라피즘 독트린은 모든 무슬림에게 신앙의 순수성, 즉 이슬람교의 기원과 예언자의 가르침으로 돌아가라고 호소한다. 요컨대 살라피즘은 아랍의 정체성을 창출할 방법을 자신들의 뿌리와 접목시켜야만 한다고 강조한 것이다. 이는 본질적으로 수 세기에 걸친 정치와 경제의 지배로부터 벗어나는, 곧 종교적인 차원에서 이뤄지는 아랍 세계의 정신적 순화와 정화의 과정이다.

아랍 식민지화 탓에 과격한 반서구 사상으로 변모

그런데 19세기 말로 향해 가면서 유럽 열강이 배신을 했다. 아랍 세계의 근대화에 기여한 유럽이 아랍을 폭력적인 식민지의 대상으로 삼아버린 것이다. 살라피즘이 반反서구의 기치를 내걸고 서구인 혐오와 급진적인 이슬람 회귀 사상으로 변모한 계기였다. 현대 살라피즘의 주요 목적은 이제 서구의 아랍 식민지화로 인해 부패하고 침체된 이슬람의 타락을 정화시키는 것이다. 아랍 세계의 쇠퇴를 초래한 원흉은 오스만 제국이 아니라 예의 그 외국인 유럽 제국이라고 간주하고 있다. 이리하여 아랍 세계는 국민국가라는 개념과 유럽의 근대성을 거부하게 되었다.

1950년대 이집트 사상가 사이드 쿠틉이 타우히드[103] 개념을 다시 정의하면서 '신의 신성한 유일 절대성'을 뜻하는 이 말에 뚜렷한 정치적 의미를 부여한 데에는 이러한 종교적, 사상적 배경이 깔려 있었다. 나세르(이집트 대통령, 1956~1970)에게 체포된 쿠틉은 이집트의 감옥에서 "신은 힘의 원천이다"라고 썼다. "국민도, 정당도, 인간도 아닌 신이 힘의 원천이다."[104] 아랍어로는 'al hakimiyya lil-llah(신의 지배원칙)'라고 하는 이 관념은 정치적 이슬람주의와 그것의 유일하고도 이상적인 표현(칼리프 국가)을 정치 투쟁의 핵심으로 추구했다. 그리고 이상적인 정치체제는 민주주의와 사회주의라는 근대 서구의 정치 이념이 아닌 '이슬람교의 절대 예언자(무함마드)'의 가르침을 엄밀하게 해석하는 것에 따라 규정된다고 했다.

124

이처럼 쿠틉의 메시지는 나세르에 의해 받아들여진 서구형 정치로부터의 완전한 결별을 촉구하는 하나의 기폭제가 된 게 틀림없다. 이와 동시에 종교와 세속, 그 어느 경우에나 외국의 영향을 차단하고 이슬람의 정화를 권장하는 계기가 되었다. 쿠틉은 '신의 지배 원칙'에 조금이라도 어긋난 이탈은 무조건 '배교 행위riddah'라고 확언했다.

비록 '배교자 선고takfir'는 원래 종교적인 개념이었지만, 이슬람의 역사가 흐르면서 차츰 강력한 정치적인 무기로 변해갔다.(IS는 "이슬람 교리에서 벗어난 세력은 수단과 방법을 가리지 않고 무자비하게 응징한다"는 극단적 원리주의를 추구한다. 이를 '탁피리즘takfir'이라 부른다.─옮긴이) 아랍인 쿠틉은 또 다른 아랍인 나세르에게 "너는 유럽 식민주의자와 마찬가지로 배교자다"라고 선고함으로써 나세르의 정치적 정통성에 도전장을 내밀 수 있었다. 이슬람 세계의 권력투쟁에서 배교자 선고는 드물지 않았다. 예언자가 사망한 뒤 곧바로 정통 칼리프가 된 아부 바크르(재위 632~634)의 통치 시대에 이미 최초의 배교자 선고가 내려졌었다. 그리고 이것을 기화로 수니파와 시아파의 종파 분열이 불거졌다.[105]

그 뒤 수 세기 동안, 수니파든 시아파든 배교자 선고라는 개념을 이용해 상대방을 권력으로부터 배척해왔다. 다음 장에서 알아보겠지만, 요즈음 알 자르카위와 알 바그다디만 해도 배교자 선고라는 명분을 악용해 자신들의 시아파 대량학살 전쟁을 정당화하고 있다. 그들 입장에서 시아파는 외세와 끊임없이 결탁한 배교자였기 때문이다.

7장

새로운 몽골족과
IS의 실용주의

2014년 6월 모술을 제압한 IS의 군대가 인근 마을들에서 시아파 여자와 어린이들도 살해했다는 뉴스에 세계는 소름 돋는 충격을 받았다. 수백 명의 무고한 민간인이 기관총으로 사살됐고 시신은 큰 구덩이에 내던져졌다. 그들은 시아파 민가를 약탈하고 시아파의 재산을 노략질해갔다. 이라크 서북부 도시 탈 아파에서는 알 바그다디의 대원들이 '전리품'으로 4000채의 민가를 몰수했다.[106] 그들은 사원과 모스크에 불을 놓거나 폭발시켜, 정복지에서 시아파의 흔적을 깡그리 지우려고 했다. 칼리프 국가에서는 종파적 정화의 수단으로 이런 유의 파괴가 곳곳에서 자행되고 있다. 많은 사람이 살라피즘을 가장 과격하게 해석한 결과라고 믿는다.

왜 대량학살을 저지르는 것일까

하지만 앞에서 살펴보았듯이 IS가 전개하고 있는 피비린내 나는 종파 내전은 살라피즘의 근본적인 교리와는 별로 관계가 없다. 오히려 모반 세력을 장악하는 전술로서 대량학살을 자행했다고 봐야 할 것이다. 이는 다국적군의 이라크 침공 이후 곧바로 알 자르카위가 2003년에 취한 전술과 같다.

이 극악무도한 행동이 겨냥한 바가 무엇이든 간에, 제노사이드란 단어는 요즈음 몇 년 새 시리아에서, 그리고 2014년 여름 이후 이라크에서 벌어지고 있는 사건을 묘사하는 데 잘 들어맞는다. 오늘날에는 시아파나 이와 비슷한 종파의 신도, 가령 시리아의 알라위트Alawati(알라위족 무슬림)에 속한다는 것은 나치가 지배하는 독일에서의 유대인과 정말로 비슷한 신세다. IS는 알 자르카위의 전철을 답습한 듯 정복 지역에서 말살을 포함해 그 어떠한 수단을 써서라도 시아파 주민을 전멸하려는 듯 보인다.

애초에 알 바그다디가 2011년 시리아에 잠입한 것은 아사드 체제의 타도와는 아무런 관계가 없고, 도리어 새로운 칼리프 국가의 요람이 되어야만 할 땅에서 알라위트를 종족적으로 청소하고 싶은 마음이 동기로 작용했다. 나치 독일이 주창한 아리아 인종의 우월성과 유사하다는 점을 피할 수 없다. 히틀러가 가공의 우생학으로 유대인 인종 멸종을 정당화한 것처럼, IS는 '배교자 선고'라는 명분 아래 이슬람의 종교적 '정화'를 수행하고 있다. 시아파를 비롯해 살라피즘 이외

130

의 교리를 믿는 모든 추종자는 누구든 이단자로서 죽임을 당해야만 하는 대죄를 저지르고 있다고 보는 것이다.

이 제노사이드의 진짜 의도를 탐색하기 전에, 먼저 시아파와 수니파 양측의 파벌 공동체의 의식 속에서 '배교자 선고'가 어떤 의미와 힘을 지니는지를 이해하는 게 급선무다.

배교자 선고 '알 타크피르'

타크피르(배교자 선고)의 기원은 655년에 발발한 무슬림끼리의 제1차 내전Great Fitna(피트나의 어원은 시련, 고난. 이슬람 공동체의 내홍)까지 거슬러 올라간다. 수니파와 시아파 간에 불타오른 최초의 격렬한 무력 충돌이었다. 655년이라는 해는 제3대 정통 칼리프 우스만(재위 644~656) 암살의 전년에 해당된다. 이 싸움의 발단은 무함마드의 후계자가 누구인가를 놓고 불거진 불화에서 비롯되었다. 알리(제4대 정통 칼리프)의 지지자들은 예언자 무함마드의 직계(사촌동생)인 알리가 칼리프가 되어야만 한다고 목소리를 높이며 우스만을 배교자로 선고했다. 제1차 내전은 알리를 지지하는 시아파와 우스만을 지지하는 수니파 사이에 깊은 종파 분열을 낳았다. 이후 이슬람의 양대 종파는 상대방에게 서로 배교자 선고를 하며 정치적 권력투쟁을 이어나갔다.[107]

7세기 이후부터 타크피르 개념은 정치와 경제의 문제에도 견고하 **131**

게 닻을 내렸다. 아무래도 예언자 무함마드가 종교적 지도자이자 정치적 지도자인 이슬람에서는 물질세계와 정신세계의 경계가 당초부터 애매모호했기 때문일 것이다. 따라서 상대를 배교자라고 선고하는 타크피르는 종교의 외피를 걸치면서도 정략적인 무기가 되었다. 예를 들면 18세기에는 와하비Wahhabi 운동을 창시한 사우디아라비아의 설교자 아브드 알 와하브가 오스만 제국 자체를 배교자라고 비난했다. 그는 정통성을 뒷받침하는 진짜 주춧돌은 신의 말씀이고, 모든 것은 거기서 출발해야 한다고 주장했다. 터키인에 대한 와하브파의 배교자 선고는 와하브파를 비호하던 사우드 가(사우디아라비아 왕가)가 당시 아라비아 반도를 지배하고 있던 오스만 제국에 싸움을 걸 명분을 제공했다.[108] 이어서 2세기 동안 두 개의 강력한 동맹, 즉 사우드 가와 와하브파는 종교적 열정을 전면에 내세우고, 경제와 정치를 무기로 정복 전쟁을 펼쳐나갔다.

타크피르를 명확하게 정의내리는 일은 테러리즘의 범위를 규명하는 것처럼 어렵고 유동적이다. 그런 까닭에 이 개념은 이슬람 무장조직과 종파 세력이 자신들의 정통성을 정당화하기 위해 늘 교활하게 써먹는 강력한 무기가 되었다. 앞 장들에서 살펴보았듯이, 1950~1960년대에 무슬림형제단 전사들은 그들을 악의 세계의 위법자로 간주한 나세르에 대한 저항을 정당화하기 위해 타크피르 개념을 재정의했다. 또 수니파는 다른 수니파에 맞서는 수단으로 타크피르를 이용했다.

132　　원래 타크피르의 최종 목적은 종교 공동체에서 이단자를 배척한

다든가 그들을 전멸시키는 데 있지 않고 그들을 물질적인 이득이 있는 세속 공동체에서 쫓아내 경제적, 사회적 권리와 특권을 빼앗으면 그것으로 족했다. 그래서 이단자를 정치적 정통성의 범위 밖으로 밀쳐내려고 했던 것이다. 시아파 멸종이라는 발상이 싹튼 것은 알 자르카위가 시아파를 표적으로 삼아 몇 차례의 자살폭탄 테러를 지휘한 2003년부터다.

13세기 몽골족과 21세기 연합군의 이라크 침공

이라크에서 시아파를 대상으로 한 자살폭탄 테러는 2003년 8월 29일에 처음 실행에 옮겨졌다. 표적은 나자프(이라크 중남부 도시)에 있는 이맘 알리 모스크였다. 이 테러는 시아파 주민을 적으로 돌린 제2전선을 열었다는 의미에서, 이라크인끼리의 갈등에 중대한 분기점이 되었다. 시아파에 대한 공격은 수개월 전부터 시작된 선전 작전에 따라 일찍이 정당화되었다. 중동의 수니파 세력, 즉 사우디아라비아를 비롯해 걸프 만 연안 과두정치 독재국가들 중 일부가 이 작전의 돈줄 노릇을 했다. 이라크 시아파는 이라크 정변을 꾀하는 외국 세력과 손을 잡았다는 비난을 받았다. 살라피주의자 입장에서 보면 추방mukaffir 혹은 배교자 선고의 근거가 될 만한 행위였다. 묵시록적인 수사법으로 말하자면, 미·영 연합군의 이라크 침공은 13세기 몽골의 침략과 닮았다. 1258년 화려한 도시 바그다드를 철저히 파괴하

133

고 약탈한 몽골인과 타타르인은 수니파 이라크인에게는 치욕스런 기억일 뿐이다.[109]

사담 후세인 체제가 붕괴된 지 얼마 지나지 않아, 인터넷상에서는 "몽골 침공의 재래"를 언급하는 글들이 대량으로 나돌았다. 온라인 매거진 '바샤르Bashaer'에 따르면, 연합군이 이라크 침공 전에 아프가니스탄을 공격했던 것처럼, 몽골군도 바그다드에 도달하기 전에 호라즘 왕조(오늘날의 우즈베키스탄과 투르크메니스탄에 해당되는 지역을 지배—옮긴이)를 제압했다.[110] 또한 미국과 영국이 강력한 동맹국인 것처럼, 몽골족과 타타르족도 바그다드 포위전을 시작하면서 결연한 동맹을 맺었다. 바그다드가 동쪽과 서쪽으로부터 공격을 당하고, 침공군의 군사적 우위성이 압도적이기에 공방전이 21일 만에 싱겁게 끝난 점은 어느 경우에나 마찬가지였다. 13세기 몽골 침공에서도, 21세기 서구 연합군의 공격에서도, 바그다드 주민은 공격 개시 직후부터 다음 금요일 예배를 볼 수 없을 것이라며 잔뜩 두려워했다. 시아파와 수니파의 갈등으로 인해 중앙정부의 힘이 쇠약해졌던 것도 양자의 공통점이다. 몽골인과 타타르인 동맹군도 용병 군대를 거느리고 진격했으며, 연합군도 이라크인 지원자가 도서관이나 문화 시설을 파괴하고 여자와 어린이를 죽이는 것을 수수방관했다.

'바샤르'의 기사는 몽골 침략의 역사적 전말, 즉 바그다드 포위전으로부터 2년이 지난 후, 시리아군과 이집트군이 아랍 지원 병력과 함께 휘몰아쳐온 아인잘루트 전투(팔레스타인 갈릴리에서 훌라구 칸이 처음으로 패배를 맛본 전투로 이후 몽골족은 이집트로 진공하지 못함—옮긴이)에서 몽골과 타타르 군대를 격파하고 서진을 가로막은 것을 언급하며 다음과 같이 예언했다. "우리는 신이 미국을 영원히 처벌할 것이라고 확신한다." 칼럼은 다음과 같이 결론을 맺는다. "아인잘루트 전투는 언제 재연될 것인가?"**111** 오늘날 IS는 시리아로부터 진격을 개시해 칼리프 국가의 재건을 시도하고 있다. 그 같은 공격 태세를 통해 현시대의 새로운 아인잘루트 전투를 펼쳐 보이고자 하는 것이다.

▌적을 오판하고 있는 서구 세계의 무지

2003년 여름 알 자르카위는 시리아 공격을 정당화하기 위해 몽골 침략을 비유적으로 써먹었다. 알 자르카위는 13세기에 바그다드의 시아파 고관 이븐 알 알카미는 바그다드 포위전 때 몽골인을 안내했고, 그의 자손들도 똑같은 부역 짓을 저질렀다고 주장했다.**112** 오늘날 시아파가 미국에 동조해 이라크 침공을 환영한 것도 이와 유사한 행태라는 것이다. 이는 처음으로 수니파와 시아파의 종파 대립이 이라크 내전의 테두리 안에서 모습을 드러낸 경우였다.

알 자르카위의 나자프 공격은 이라크 시아파를 표적으로 삼는 테러활동의 시발점이었고, 수니파와 시아파 간의 충돌이 최초로 표면화된 사건이었다. IS는 이 내전을 여전히 수행하고 있다. 알 자르카위는 2003~2005년에 빈 라덴과 자주 교신했다. 이 가운데 밝혀진 내용은, 시아파와의 불화는 단지 서구 연합군에 대항하기 위해 수니파

135

와 시아파의 평신도 공동 투쟁전선이 형성되는 것을 막는 전술에 불과했다는 것이다. 두 파가 손을 잡으면 지하디스트 집단은 자리를 잡을 곳이 없어지기 때문이다. 수십 년 전 이라크가 영국으로부터 독립하기 위해 싸우던 때에도 그러한 분열 조장 사태가 일어났다.[113]

하지만 연합군은 수니파와 시아파 사이의 다툼에 그런 의미가 있다는 것을 간과하고 말았다. 심각한 오판이었다. 당시에 폭탄 테러의 동기는 불가해한 것으로 간주되었고, 주모자도 오리무중이었다. 2003년 여름, 연합군이 싸운 상대는 시아파 지도자 알 사드르(미 점령군과 이라크 임시정부에 저항하여 '마디의 군대'를 창설, 이라크에 시아파 IS를 수립하려고 함―옮긴이)가 이끄는, 이라크에서 주요한 저항 세력으로 여겨진 군대다. 그 당시에 수니파 반정부 세력은 주로 바트당 잔존 세력과 이슬람 민족주의자로 구성돼 그다지 큰 위협으로 여겨지지 않았다. 하지만 1990년대 경제 제재 기간에 이슬람 과격파가 이라크에서 대두하는 과정을 자세히 분석했다면 종파 분쟁을 불씨로 대규모 내전이 일어나, 무슬림 세계 전체를 불안정하게 만들기 쉽다는 징후가 있다는 것쯤은 눈치 챘을 것이다.[114] 서구 세계는 이 시기에 이라크 전역을 뒤덮은 변화에 주의를 기울이지 않았다. 사담 후세인의 비호를 받는 현대 살라피즘은 이라크 전역에 뿌리를 굳게 내리고 더욱더 과격해져갔다. 이라크의 독재자 후세인이 이처럼 새롭게 변질된 종교 사상에 열의를 보인 까닭은, 경제가 무지막지하게 혼미한 상황에서 수니파 부족을 달래기 위함이었다. 사담 체제의 지지 기반은 수니파 중산층이었지만 유엔의 경제 제재가 실시되는 동안 이 층은 완전히 가난해져 빈곤에 허덕였다. 이슬람 종교가 유일한 위안이 되고 장기간의 경제적 고초를 극복하기 위한 버팀목 구실을 했다. 동시에 후세인은 이라크 종교가 과격화되는 모양새를 좋은 핑곗거리로 삼아 경제 정책의 실패를 호도했다. 가령 여성이 가정 밖에서 노동하는 것을 금지하고, 나중에는 심지어 가내노동조차 금지하면서 가파른 실업률 상승을 은폐했다.

서구 강대국과는 판이하게 이슬람 전사들은 수니 트라이앵글Sunni Triangle(바그다드 서북부 삼각지대로 수니족의 근거지. 후세인 집권 시절 이곳 출신 수니족이 집권 바트당과 군, 정보기관 등의 요직을 독차지했고 이라크 전쟁 중에는 미군에 끝까지 저항—옮긴이)에 사는 수많은 수니파 부족민에게는 과격한 살라피즘이 정신적으로 기댈 수 있는 신앙 체계이자 삶의 기반임을 잘 알고 있었다. 그래서 사담 체제 붕괴 후 곧바로 중동 전역으로부터 이 지역으로 지하드 지원자가 결집했다. 수니 트라이앵글 내의 모든 도시, 예를 들어 라마디, 팔루자, 모술 같은 곳에 거점을 둔 살라피즘 지역 집단과 연락을 취하는 사람도 있었다. 이러한 집단이 수니파 지하드 전사들로 꾸려진 이라크 반정부군의 모체가 된 것이다. 알 자르카위도 이렇게 온 신참자 중 한 명이었다. 연합군 참가국들은 10년에 걸친 경제 제재가 이라크에 가져온 변화를 거의 무시했을 뿐 아니라, 걸프 만 국가들의 자금 원조를 받는 이슬람 전사나 반정부 집단이 시리아에서 급격하게 증식하는 중대한 위험성도 묵살했다. 구미도, 전 세계도 이라크와 시리아의 과격화는 종교적 광신주의의 산물에 불과하다며 자신들의 입맛에만 맞도록 손쉽게 해석했다.

▌종교는 구실거리일 뿐 본질은 현실 정치 전쟁

서구 열강들은 중동에서 펼쳐지고 있는 현실이 어디까지나 종교 전쟁이며, 7세기 아라비아의 종교 불화가 발단이라고 쉬이 믿어버린다. 정말 이해하기 어려운 초현실주의다. 사실은 오히려 비슷한 분쟁이 기독교 사이에서 일어나면 그 원인을 종교에서 찾는 경우는 드물다. 우선 반드시 정치적 요인을 찾기 마련이다. 예를 들어 15세기 유럽에서 배교는 중대한 죄로 끔찍한 화형에 처해졌다. 당시 유럽은 무언가에 홀린 듯 아우토다페auto-da-fe(포르투갈어로 종교 재판에 따른 화형)에 열광했고 이단자들의 몸을 하느님의 이름 아래 줄줄이 불태웠다. 마치 오늘날의 IS가 참수와 십자가형을 집행하는 것처럼 말이다.

　15세기 유럽이 직면했던 최대의 위협은 가톨릭과 개신교 사이에 내전이 터질 가능성이었다. 설령 그러한 분쟁이 종파적 이유를 앞세운다손 치더라도 근본적인 원인은 결국 유럽 대륙에서 고대로부터 면면히 이어져온 부도덕한 정치적 패권 다툼이었다. 오늘날 시아파 주민을 두고 행해지는 배교자 선고는 이라크, 시리아 또한 다른 지역에서 '내전 상황'을 유발하려는 게 목적이다. 얼핏 보면 종교를 이유로 싸우는 것 같고, 정치·경제적 권익과는 무관하게 비칠지도 모른다. 그러나 15세기 유럽과 마찬가지로 진정한 동기는 정치·경제적인 것이며 그 뿌리는 전 지역을 지배하려는 권력투쟁에서 찾을 수 있다. 새로운 국가를 건설해 주민들의 합의를 얻고 정통성을 확보하려면 사회미디어를 통해 종교적 선전 캠페인을 유려하게 펼치는 것 이상의 강력한 무언가가 필요하다. IS는 이를 잘 알고 있다. 그래서 나온 것이 '정화'라는 개념이다. 특히 시아파 지역을 제압하고 그곳을 정화하는 것은 국가를 건설하는 데 많은 이점을 제공한다. 수니파 주민의 지지를 얻을 수 있고 동종의 부족민이 수적으로 훨씬 더 우세한 지역 내에서는 종파주의가 득세할 가능성도 줄어든다. 수니파 전투대원들에게 전리품을 나눠주는 자원 기지 역할도 할 수 있다. 한마디로 시아파 말살은 정치와 경제 양면에서 칼리프 국가의 운영을 용이하게 하는 동시에 수니파의 마음속에 깊이 응어리진 복수심도 만족시켜주며 새로운 나라에 대한 충성심도 자발적으로 이끌어낼 수 있다. 이러한 점 때문에 이 전쟁은 종교적 사명을 다하는 싸움이 아니라, 실제로는 매우 현실주의적인 지도자가 택한 정치 전술이다. 탈레반이나 나치와도 다르게 IS는 융통성을 보여주고 있다. 개종을 원하는 자는 환영하고, 지즈야(비이슬람교도에게 부과되는 인두세)를 낼 수 있는 자는 자유롭게 드나들도록 한다. 칼리프 국가는 심지어 유괴한 외국인도 몸값을 지불하면 석방한다.

IS가 실용주의 노선을 취하는 까닭은 그들의 가장 중요한 목적인 '칼리프 국가 건설'이 지극히 어려운 일이라는 것을 잘 인식하고 있기 때문이다. 수십 년에 걸친 전쟁으로 황폐화된 지역을 성공적으로 통치하려면 사회경제적 인프라를 전부 뜯어고쳐야만 한다. 게다가 정

139

복 전쟁을 치르면서 다른 아랍 국가들을 궁지로 내몰며 그들의 권익을 내팽개쳐서도 안 된다. 종교라는 구실거리가 효과를 발휘하는 것 이상으로 자금이 대량으로, 그것도 지속적으로 필요하다.

　IS는 기존 지하드 세력으로부터 신화와 수사학을 계승하는 한편 국가 건설이라는 야망의 실현에 전략적으로 필요한 실용주의와 근대성을 보여주고 있다. 그들은 테러리즘을 매우 빠르게 조직 차원의 비즈니스로 경영하고 있으며, 단기간에 후원자들로부터 자립해 전쟁에만 전적으로 의존하지 않는 경제 구조를 확립했다. 근거지의 수니파 부족과 손을 잡고 반감을 잠재우며 중요 자원을 탈취해서 벌어들인 수입을 나눠 갖고 있다. 그들은 용의주도하다. 진짜로 현명하다고 해도 좋다. 시리아의 바샤르 알 아사드 혹은 이라크의 말리키 총리에 대해서는 도저히 그렇게 말할 수 없지만.

8장

근대 국가 건설과
동시대의 전근대 전쟁

2014년 6월부터 세계의 지도자들은 부쩍 커가는 이슬람국가의 힘에 골머리를 앓고 있다. 우리는 그들이 갖가지 옹색하고도 장황한 용어를 동원해 이 위협에 맞서겠다는 계획을 유권자들 앞에 늘어놓고 있는 작금의 상황을 지켜보고 있다. IS는, 경우에 따라서는 제임스 폴리와 스티븐 소틀로프를 참수하는 잔학 행위로, 때로는 유럽 출신 IS 대원들과 존 캔틀리 같은 인질을 통한 성명 발표로 대응하고 있다.[115]

3년 전까지는 거의 무명이었던 한 무장단체가 어떻게 세계의 강대국들을 괴롭히는 존재가 될 수 있었을까? 시리아와 이라크의 전투지에서 무력에만 의존해 입장을 표명하지 않고, 최신 통신 수단을 총동원해 이념적으로 위협하고 있지 않은가? 답은 시리아와 이라크라고 하는 국민국가가 붕괴 과정에 있다는 데서 찾을 수 있다. 두 나라의 정부도 국민을 대표하는 역할을 하지 못한 결과 소집단 세력이 점재하는 전근대적인 사회로 퇴행해버렸다.

왜 칼리프 국가 부활은 시리아와 이라크에서 일어나는가?

시리아에서는 세계가 무관심한 태도를 취하는 가운데 아랍의 봄이 가혹한 탄압을 받고 민주화의 꿈은 산산이 부서졌다.(2013년 초 이집트에서는 무슬림형제단 출신의 이슬람주의 대통령 무함마드 무르시가 군부 쿠데타로 실각했다. 아랍의 봄의 가장 큰 성과였던 이집트 민선정부가 무너진 것이다.—옮긴이) 이에 대해 알리 키덜리는 다음과 같이 명쾌하게 정리했다. 그는 5명의 주 이라크 미국대사의 특별 보좌관을 맡았었고, 더불어 2003년부터 2010년까지 미국 중부사령부(중동 주둔 미군)의 3명의 지휘관의 선임고문이었던 인물이다.

"시리아의 저항운동은 당초 평화적이었다. 하지만 시위 운동가들은 아사드의 군대와 정보부, 레바논의 헤즈볼라, 이라크의 시아파 이슬람 무장조직과 그들의 중요한 후원자인 이란의 이슬람혁명수비대를 상대로 할 때 곧 현실에 눈을 떴다. 그들은 모든 권리를 빼앗기자 환멸을 느끼고는 과격하고 결연한 무력투쟁으로 돌아섰다."116

거의 하룻밤 사이에 종파주의 전선이 그어지고 평화적인 저항운동은 내전으로 변모해 현대판 대리전쟁으로 변질됐다. 부유한 걸프 만 지역 보수 왕정 국가들이 수니파 무장단체에 거대한 자금을 지원했다. 걸프 만 연안 중동 국가들은 최대의 적인 '시아파의 수장 국가'

144

이란과 그 테헤란 아랍 연맹국인 시리아의 아사드 정권에 대해 품은 원한을 앙갚음하고자 했다. 민간인에 대한 화학부기 사용 금지 등을 규정한 국제 교전 규칙은 대부분 깨졌고, 시리아의 가장 부유한 도시 알레포는 처참하게 파괴되고 약탈당했다. 도저히 해결되지 않을 것 같은 갈등 탓에 21세기의 한 국가가 눈 깜짝할 새에 찢겨버렸다.(2011년 3월 15일 시리아 수도 다마스쿠스와 알레포에서 대규모로 봉기한 반아사드 정권 민주화 시위는 그해 여름을 지나며 무장투쟁으로 번져갔다. 시리아 정부군을 이탈한 장교들은 7월 자유시리아군을 조직해 정부군과 공방전을 벌였다. 시리아 내전은 지하드 세력에게 또 하나의 성전의 무대가 됐다. 결국 서구 열강과 중동 국가가 편을 짜고 은밀하게 후원하는 대리전쟁으로 격화됐다. 아사드 정권 쪽으로는 러시아와 중국, 시아파 이란과 헤즈볼라 등 중동 시아파 세력이 붙은 반면 반아사드 진영 쪽으로는 미국 등 서방, 사우디아라비아와 터키 등 중동 수니파 세력이 똬리를 틀었다. 걸프 만 지역 보수 왕정들이 비공식적으로 지원에 나서며 민간 펀딩 형식으로 시리아 반군에 자금과 무기를 제공했다. 국경을 이웃한 터키는 지하드 지원자가 자국의 국경을 통해 시리아로 넘어가는 것을 눈감아줬다.─옮긴이)

이라크에서는 시아파인 누리 알 말리키 총리가 다른 정치조직과 권력을 나누겠다는 공약을 어기고 시아파만을 중용하며 독자적 권력 체제를 공고화하고 종파 분쟁을 통해 차례로 정적을 배제해나갔다. 그는 "이란의 지지를 등에 업고, 미국제 험비Humvee(지프와 경트럭의 특성을 합친 다목적 군용 자동차), M-16 자동소총, M1A1 전차의 호위 아래"[117] 이라크 정부 내에서 수니파 세력을 대변하는 부통령 타

145

리크 알 하시미를 체포하려고 시도했다.(2011년 12월 19일 하시미 부통령에게 정부 관료 암살 기도에 관여했다는 혐의가 씌워지고 체포 영장이 발부되었다.—옮긴이) 수니파 재무장관 라피아 알 에사위는 똑같은 고난을 당하게 될 것 같은 기미가 보이자 사퇴하고 수니파 부족 세력의 거점인 이라크 안다르 주로 도망쳤다.[118](말리키 정부의 시아파 위주의 국정 운영은 소외당하는 수니파를 반란으로 결집시켰다. 말리키는 군부 내에서 수니파 지휘관이나 독립적인 지휘관들을 해임하고 그 자리에 시아파 심복을 앉혔다. 이라크 안정화에 기여했던 수니파 사와 민병대를 정규군으로 편입하겠다는 약속을 어기고 해체해버리기도 했다. 말리키 정부의 종파적 정치 행태는 결국 알 카에다 등 지하드 조직의 부활에 기름을 부었다.—옮긴이)

"대중의 동요를 목격한 이라크의 수니파 지방자치단체는 이웃한 쿠르드족 자치구와 같은 반# 자치 체제를 제안했다. 하지만 말리키는 관료주의적 책략을 부려 주민투표 실시를 저지했다. 이라크 헌법에 어긋나는 행위였다. 다시 한번 수백만의 이라크인은 이라크의 번영으로부터 아무런 혜택도 받지 못하고, 단지 국가의 태만한 무능력만이 온몸을 짓누르고 있다는 것을 목도했다. 이리하여 수니파 거주지역 곳곳에서 반정부 시위가 일어났다. 말리키는 알 카에다가 시위 대열에 잠입했다는 구실로 잔인한 무력 진압을 시도했다. 2013년 4월 이라크 정부군이 하위자를 급습해 주민 수십 명을 살상했다. 이미 치열해진 종파 갈등에 훨씬 더 드센 불을 붙인 꼴이었다."[119]

146   두 명의 시아파 지도자 가운데, 러시아의 지원을 받는 아사드와

서구의 후원을 받는 알 말리키는 권력을 남용하고 진정한 민주화를 요구하는 주민들을 폭력적으로 억압했다. 두 지도자 모두 약속을 어겼다. 아버지가 죽은 뒤 정권을 계승한 아사드는 민주 개혁을 공약하며 큰 희망을 안겼었다. 말리키도 헌법에 입각한 통치를 하고 이라크에서 처음으로 진정한 민주 정부를 이끌겠다고 맹세했었다.

그러나 이라크는 시리아의 전철을 밟으며 근대 국가 이전의 형태로 역주행하고 말았다. 몇 년 앞서 이 음산한 과정을 경험한 다마스쿠스에 이어 이라크란 나라는 이제 와르르 붕괴되기 시작했다. 그리고 IS는 두 나라의 그러한 유사성을 비범하게 이해하며 절호의 기회를 잡을 수 있는 시점에 그것을 철두철미하게 이용했다. 서구는 그리고 세계는 이라크에 대해 시리아의 경우와는 달리 대응할 수 있을까? 특히나 IS가 칼리프 국가의 재건을 선언한 지금은 어떻게 할 참인가? 이 물음에 아무도 대답할 수 없었다. 지금까지 미국이나 유럽은 러시아와 중국의 거부권 행사로 시리아에 대한 그 어떤 군사 개입도 못 하고 있는 상태다. 아사드를 지원하는 러시아가 지중해에 함대를 파견한 것은 누구나 알고 있다. 중국이 무력 개입에 부정적인 까닭은 미국과 중국이 리비아의 체제 변화를 조정하는 데 서툴렀기 때문이다. 서양이(유엔 안보리의 결의를 거쳐) 리비아에 군사 개입을 하며 카다피 체제는 붕괴시켰을망정, 정치는 여전히 매우 불안정하다. 또 서구 자신만 하더라도 부시와 블레어가 이라크 침공을 정당화하기 위해 거짓말을 했고, 연합군이 비싼 대가를 치른 까닭에 다시 다른 아랍 독재자를 쓰러뜨리는 일에는 미온적인 태도를 보인다. **147**

무장조직이 국가로 변모하고 있는 상황에서 현재의 시리아 봉쇄 정책만으로는 아마 불충분할 터이다. 정말로 IS가 세계에 들이민 도전장은 근대 국가의 정부가 무너졌던 지역에서 벌어지고 있는 여타의 단순한 지역 분쟁과는 그 본질이 전혀 다르기 때문이다.

IS와 로마 교황의 제3차 세계대전

2014년 여름 로마 교황 프란체스코는 각지에서 발발한 분쟁의 유독한 악영향이 세계로 확산되고 있다며 제3차 세계대전은 이미 시작됐다고 선포했다. 이 대전은 20세기에 일어난 두 차례의 세계대전과는 닮은 구석이 전혀 없다. 오히려 이러한 지역 분쟁들은 근대 이전의 전쟁, 주권 국가가 아니라 지방 군벌, 테러리스트, 민병과 용병에 의한 전쟁을 떠올리게 한다. 그들의 궁극적인 목적은 영토를 정복하고 주민과 천연자원을 착취하는 것이지 국민국가 건설을 목표로 하지는 않았다. 이런 전투는 참호도 없고 전장도 없다. 심지어 전투원의 행동을 어느 정도까지 규제하는 국제 교전 규칙도 적용되지 않는다. 제네바 조약(전시 부상자와 포로에 관한 국제 협약)은 쓰레기통에 내동댕이쳐진다. 다양한 분쟁 당사자들은 모조리 종교적 폭력, 불합리한 파괴, 심지어 제노사이드까지 도가 지나칠 정도로 심각한 전쟁 범죄를 저지른다.

일부 정규군조차 민병처럼 행동한다. 국제사면위원회가 나이지리아의 실태를 촬영한 동영상에서는 정규군 병사들과 정부계 민병대의 전투원이 악명 높은 이슬람 무장조직 보코 하람Boko Haram의 성원으로 추정되는 포로들의 목을 베고, 참수한 시신들을 구덩이에 한꺼번에 집어던지고 있다.[120]

나이지리아에서부터 시리아, 사헬(사하라 사막 남쪽 연변에 접한 사바나 초원 지대. 대서양으로부터 세네갈 북부, 모리타니 남부, 말리 나이저강, 니제르 남부, 나이지리아 동북부, 차드 중남부와 수단 공화국에까지 걸쳐 있다), 아프가니스탄에까지 이르는 드넓은 지역에서 이 새로운 싸움이 벌어지고 있으며, 희생자 대부분은 민간인이다. 국제사면위원회의 추산에 따르면 나이지리아에서는 보코 하람과 정규군의 충돌로 2014년 한 해에만도 4000명이 사망했다. 대부분이 민간인이라고 한다. 시리아에서는 내전 발발 이후 100만 명 이상이 강제로 퇴거당하고 200만 명이 피살됐다.

유럽연합 주변부에서도 같은 사태가 벌어지고 있다. 유엔의 추정치에 따르면 2014년 4월부터 7월 사이에 우크라이나 정규군과 친러시아계 분리주의 민병대의 무장 충돌로 1129명의 민간인이 사망했다. 다른 비공식 통계 자료를 보면 사망자 수는 훨씬 더 많다.

우리가 직면하고 있는 분쟁은 '최신 기술'을 마구 구사하는 '전근대적인 싸움'이다. 이것은 최악의 조합이며, 민간인 희생자를 대량으로 낳는 비극을 빚고 있다. 하나의 충격적인 예가 우크라이나 상공을 비행하던 말레이시아 항공기 격추다. 이 비극은 2014년 7월 17일에 일어났다. 런던정경대 교수로 『새로운 전쟁과 낡은 전쟁: 세계화 시대의 조직화된 폭력New and Old Wars: Organized Violence in a Global Era』[121]의 저자인 메리 캘도어는, 세계화는 일부 지역을 홉스가 말한 그 유명한 "자연 상태"에 가까운 무정부 상태로 빠뜨렸다고 썼다. 시민사회가 없는 인간의 상태(아마 이것을 자연 상태라고 부르는 것이 적절할 것이다)는 "단지 만인에 대한 만인의 전쟁 상태일 뿐이다. (…) 부단한 공포와 폭력에 의한 죽음의 위험이 존재한다." 시민사회가 출현하기 이전의 인간 생활은 "더럽고, 잔인하고, 게다가 수명이 짧았다." 이는 바로 오늘날 시리아와 이라크의 일부 지역이 되돌아가버린 전근대적인 야만의 상태다.

세계화는 많은 사람에게 자신이 처한 정치 상황을 일깨워주면서 리비아, 시리아, 이라크에 그치지 않고 다수의 권위주의 독재 체제의 안정성을 위협하는 결과를 낳았다. 2011년에 일어난 카다피 독재 체제의 붕괴는 정치적 진공 상태를 초래했는데, 자유주의 파벌부터 이슬람 과격파에 이르기까지 서로 대립하는 부족 민병대가 몰려와 이 빈틈을 피로 물들였다.

아랍의 봄에 대한 시리아 정부의 폭력적인 진압과, 이라크 수니파의 반란 역시 비슷한 진공 지대를 낳았다. 거기에 파고든 많은 무장 단체의 공통된 목적은 정치·경제 권력을 장악해 착취를 하는 것이지, 민주 국가 창출은커녕 어떤 근대적 의미의 국가 건설 따위는 안중에도 없었다. 오히려 무정부 상태는 자원을 강탈하고 주민을 착취하는 데 아주 이상적인 조건이었다.

150

세계화로 인한 IS와 서구의 충돌

따라서 오늘날의 분쟁이 전근대적인 성질을 띠고 있는 근원적인 이유는 이 지역의 국민국가가 쇠퇴하고 붕괴되었기 때문이다. 더불어 경제적 요인도 점차 큰 몫을 하고 있는 현실이다. 드넓은 지역에서 부지기수의 사람들이 믿을 수 없을 정도로 급격하게 가난해지고 있다. 세계화는 중국과 브라질 등 일부 국가나 지역을 번영으로 이끄는 한편, 다른 많은 지역에서는 빈곤에 시달리게 하고 있다. 후자의 대표적인 예가 중동과 아프리카 일부 지역이다. 아프리카가 비참한 위기 상황에 빠진 까닭은 기후 변화로 인한 사막화에 더해 부자 나라들이 이 광활한 대륙에서 천연자원 쟁탈전을 벌였기 때문이다. 중동은 아프리카와는 또 다른 이유로 가난에 허덕인다. 이라크는 10여 년에 걸친 서구의 경제 제재 아래에서, 아랍 세계에서는 최고의 교육 수준을 자랑하던 곳이 여성으로부터 일할 권리를 빼앗는 나라로 변질됐다. 그리고 봉건적인 사회로의 퇴행이 국가적 빈곤화를 초래하고 말았다.

'세계화와 빈곤의 확대'라는 치명적인 조합은 중동 지역의 불안정을 광범위하게 부추김과 동시에 종교와 파벌 정치에 얼기설기 얽힌 부족 간, 종파 간의 무력투쟁을 격화시켰다. 게다가 이들의 갈등은 막을 수도 없을 정도로 다극화되는 추세다. 말리에서는 투아레그족(베르베르인 유목민) 분리주의자와 이슬람주의 파벌 집단이 충돌하는 동시에 자치를 요구하며 정부와도 싸우고 있다. 중앙아프리카공화국에서는 무슬림과 기독교 민병대의 충돌이 대량학살로 치달을 만

151

큰 유혈 전쟁에 휘말렸는데도 정부의 정규군 병사는 자신의 신앙에 따라 멋대로 아무 쪽에나 가세했다. 서아프리카에서는 마그레브(모로코·알제리·튀니지·리비아를 포함하는 지역) 알 카에다가 거의 곳곳에서 적극적으로 소란을 피우고 있다. 이러한 모든 갈등과 분쟁의 특징은 잔학 행위다. 카메라에 촬영된 잔학 행위도 적지 않다. 가장 충격적이었던 예는 IS에 의한 미국 기자 제임스 폴리의 살해 장면이다. 참수 장면을 담은 그 동영상은 소셜 미디어를 통해 전 세계로 급속히 퍼져나갔다.

하지만 IS가 시리아와 이라크에서 펼치는 정복 전쟁을 이 장에서 다룬 다양한 무장단체의 전근대적인 분쟁과 같은 범주에 넣는 것은 옳지 않다. 비록 IS가 수행하는 정복 전쟁도 로마 교황이 "제3차 세계대전"이라고 부른 형태의 일부이긴 하지만, 여느 무장조직이 벌이고 있는 동시대의 전근대적인 싸움과는 근본적으로 다르다.

칼리프 국가 모델과 세계질서의 재편성

IS는 유럽의 국민국가를 세운 이들이 품은 야심찬 목표를 어떤 의미에서는 공유하고 있으며, 그러한 이상을 동시대적이고 현대적인 방법으로 표현하고 있다. 그들이 궁리하고 있는 국민국가 구상은 단일 민족으로 구성된다기보다는, 민족과 종교를 함께하는 국가다. 이스라엘과 엇비슷하다. IS는 또한 근대 국가의 모든 필요조건을 채우려고 시도하고 있다. 그것은 곧 영토이고, 주권(현재는 내부적으로만 인정받을 뿐이지만)이고, 정통성이며, 행정세도다.

그래서 그들은 작고 고립된 영토에 만족하지 않는다. 7세기 고대 칼리프 제국의 21세기판 칼리프 국가를 건국하고 싶어한다. 다른 무장 테러조직처럼 항구적인 무정부 상태를 원치 않는다. 정복 지역에서 그들이 맨 먼저 내린 조치가 샤리아Sharia(이슬람법) 준수였다는 게 하나의 증거다.

IS는 법과 질서의 유지를 자신의 의무로 간주하고 있기에, 설령 통치 방식이 난폭하고 원시적이나마 어쨌든 실행은 하고 있다. 제압 지역을 적의 공격으로부터 지키는 것도 임무로 삼고 있으니 국가안전보장도 맡고 있는 셈이다. 법과 질서, 즉 치안 유지와 국가안전보장은 근대 국가와 봉건국가(혹은 부족국가)를 나누는 2대 요소다. 또 주민의 합의 양성, 루소가 '사회계약'이라 불렀던 국가로서의 정통성 확보도 IS의 중요한 특징이다.

IS가 가능한 모든 수단을 동원해 주민의 일치된 승인을 얻고자 하는 것은 틀림없는 목표다. 유전과 수력 발전 댐 등 전략적 자원에서 얻은 수입을 정복 전쟁의 재원으로 투입할 뿐만 아니라 제압 지역(칼리프 국가) 내의 사회경제적 인프라 정비로도 충당하고 있다. 여느 무장단체와는 전혀 다른 점이다. 진짜 국가라는 이미지를 심고 무슬림 주민들 사이에서 정통성을 확립하기 위해 중동뿐만 아니라 전 세계를 대상으로 세련된 프로파간다도 전개하고 있다. 알 바그다디는 예언자 무함마드를 잇는 새로운 칼리프로서 움마, 즉 온 이슬람 공동체

153

에 그 모습을 드러냈다. 칼리프 국가는 정규군 이미지를 떠올리게 하는 영상을 공개하고, 알 카에다나 보코 하람과 같은 무장 깡패 집단과는 꽤 다르다는 것도 보여주고 있다. IS의 군대가 치르는 전쟁은 참호와 전쟁터가 존재하고, 최신 무기(이라크와 시리아의 정규군에게서 빼앗은 것으로, 공교롭게도 대부분 미국 산이나 러시아 산이다)를 사용해 전통적인 전쟁을 치르고 있는 점이 여타 테러조직의 게릴라 전투와는 확연히 다르다. 또 세련된 선전전의 위력을 발휘하며 유럽, 미국, 아시아, 북아프리카, 심지어는 호주와 뉴질랜드에서도 지원병을 불러들이는 데 성공했다. IS가 종교적인 종파 정화에 몰두하고 있다손 치더라도, 이들로서는 포교 임무를 수행하는 것이며 누구든 수니파 살라피주의자로 개종해 시민이 될 기회를 주고 있다. 하지만 개종도 거부하고 도망도 치지 못한 자는 처형한다. 인질 석방을 두고 외국 열강과 밀고 당기는 협상을 벌이는데, 이는 알 카에다가 보여준 바 없던 실용주의 노선이다.

IS가 근대 국민국가와 다른 점은 영토를 확보하고 정치적 주권을 가진 국가를 건설하기 위해 사용하는 수단이 주로 테러리즘이라는 것이다. 근대 국가의 정통성을 확립하는 수단으로서 혁명은 인정되지만 테러리즘은 인정되지 않고 있다.

다극화하는 세계에서 현대 민주주의가 존립 위기에 직면하고, 또한 중동 전역의 정세가 불안정한 가운데 전근대적인 갈등을 연상시키는 제3차 세계대전에 대한 위협을 배경으로 IS가 애초부터 세계에 내던진 진짜 카드는 '국가 건설'이었다. IS가 새로운 칼리프 국가를 건

154

설하려는 시도가 가까운 장래에 성공하든 못 하든, 언젠가 다른 무장단체 세력이 거듭 새로운 국가 모델로 똑같은 야망을 가지도록 고무시킬 가능성이 있다. 불가피하고 어쩔 수 없는 노릇이다. 서양과 세계가 이 문제에 잘못 대응하면 세계질서에 비참한 영향을 끼칠 것이다.

군사 개입과 IS를 넘어선 제3의 길

이 책을 집필하는 동안 이슬람국가는 중동에서 기세를 올리는 한편 우산 혁명(젊은이들이 민주주의를 부르짖은 또 하나의 저항)은 홍콩을 마비시켰다. 두 가지 사건에 어떤 공통점이 있을까? 또한 국가 형태를 성공적으로 갖추었다고 자처하며 중동의 지도를 피로 물들인 잔인한 테러조직과, 민주화를 요구했던 '아랍의 봄' 사이에는 무슨 관련성이 있는 것일까?

▎ 서구의 군사 개입과 중동 정세의 혼미

요 10년 새 동시다발적으로 일어난 민주화 봉기와 IS의 출현은 모두 혼란스럽고 다극화된 오늘날 세계질서의 산물이다. 이런 현상은 냉전

이 끝났을 때부터 시작되었다. 특히 '아랍의 봄'과 'IS'는 현대의 '야누스의 얼굴'이다. 요컨대 똑같은 문제, 즉 중동의 부패한 지도층에 대한 두 개의 답이다. 전자는 실패로 끝났는데도, 후자는 왜 지금으로서는 성공 가도를 달리고 있는 것일까?

이 책에서 살펴본 바대로 현재의 IS는 결코 신종 테러리즘 조직이 아니라, 정확하게는 '현대적' 존재다. 성공한 주요 원동력이라도 있는 것일까? 그럴 가능성은 있다. 서구와 이슬람 아랍 동맹국들은 새로운 국제정치 환경의 도래를 인정하려 들지 않지만, IS는 그런 정황에 적응을 잘했을 뿐만 아니라 이를 충분히 활용했다.

세계가 다극 체제로 이행하고 중국을 비롯한 신흥 세력이 미국의 힘에 대항할 수 있게 되면서 기존의 케케묵고 쓸모없는 외교 정책 모델은 통하지 않고 있다. 중국과 러시아가 거부권을 행사하는 상황에서, 구미가 유엔의 결의를 얻고 시리아에 지상군을 파견하는 군사 개입은 일어날 성싶지 않다. 설사 겉으로는 국제기구의 승인을 얻은 대규모 연합군을 오바마 대통령이 합법적으로 편성한들, IS에 대한 군사 개입은 이라크 주변에 한정되고, 더구나 그 지역의 정규군 및 민병대를 지원하는 공습 형태에 불과할 것이다. 달리 말해서 연합군은 IS와 지상전을 벌일 의지를 가진 집단이라면 누구라도 지지할 것이라는 이야기다. 이는 이미 넓은 범위에서 펼쳐지고 있는 현대판 대리전쟁을 확대할 뿐이다. 이러한 접근 방식은 다른 무장단체들이 IS의 전철을 밟고 추종하는 일을 재촉할 수 있다. 동질의 무장 세력들이 속속 후원자들로부터 자금과 무기를 지원받고 독자적인 국가를 자처

157

하며 중동을 더더욱 혼란에 빠뜨릴 위험성이 농후하다.

이라크 쿠르드족 민병대 페슈메르가Peshmerga(쿠르드어로 '죽음에 맞선 자들'이라는 뜻)와 터키의 쿠르드노동자당은 미국이 아직껏 '테러리스트 조직 리스트'에 올려놓고 있다. 그러나 미국과 유럽은 그들에게 무기를 제공한다는 결정을 내렸다. 이 결정에 따라 쿠르드족이 인구의 20퍼센트를 차지하고 있는 터키에서는 쿠르드족 독립을 위해 싸우고 있는 전선 구도가 재빨리 다시 그려졌다. 터키의 몇몇 도시에서는 이미 쿠르드족과 터키인의 격렬한 무력 충돌이 일어났다. 유럽 곳곳에서는 쿠르드족의 독립을 지원하는 시위가 벌어졌다. 유럽 의회를 일시적으로 점거하는 사태도 발생했다.

한편 군사 개입 논란은 연합군을 계속해서 곤혹스럽게 하고 있다. 공습만으로는 IS 군대의 진격을 저지할 수 없을 듯하다. 그렇다면 다시 이라크로의 지상군 투입 여부가 조속히 의제에 오를 것이다. 결과야 어찌되었든, 외국의 군사 개입이 중동의 불안정을 해결하는 근본적인 대책이 아니란 것은 명백하다. 지금까지도 해결을 보지 못했고 앞으로도 어렵다. 따라서 더 이상의 희생과 파괴를 막기 위해서는 신선하고 좀더 현실적인 접근이 절실하다. 이러한 접근 방식은 중동 지역에 새로운 세력이 존재한다는 것을 인식해야만 하고, 또한 대리전쟁은 결국 부메랑처럼 자신의 몸으로 되돌아오는 '제 발등 찍기 전술'이란 점을 인정해야만 한다. 요컨대 이 새로운 무장 세력에 대항하려면 전쟁 이외의 수단을 모색해야만 한다.

158

아랍의 봄과 IS 이외의 제3의 길

다극 체제의 출현은 게임의 새로운 규칙을 이해하는 자에게 지금까지는 없었던 기회를 제공해왔다. IS가 시리아에서 자신들의 이익에 맞게 대리전쟁을 어떻게 능숙하게 활용했는지를 보라. 이미 이 책에서 말한 대로다. 그들은 또 강력한 프로파간다 심리전을 통해 오바마가 이끄는 거대한 연합군의 비현실적인 모순을 날카롭게 노출시켰다. IS는 현대 정치의 흥정에 능할 뿐만 아니라 최신의 첨단 기술을 능수능란하게 사용해 포교, 지원병 모집, 자금 조달에 활용하고 있다. 이 또한 그들의 근대성의 표현이다. 디지털 캠페인으로 선전전을 구사하며 국가를 건설하고 있는 그들의 수완은, 마치 커뮤니케이션 기술 활용법의 표본 같기도 하다. 최근 10년여 간 전개된 몇몇 민주화 운동에서는 아쉽게도 그러한 기술을 보지 못했다.

2009년 대통령 선거 결과를 둘러싸고 이란에서 일어난 이른바 '녹색 혁명'은 트위터를 통해 퍼져나갔다. 2011년 아랍의 봄에서는 페이스북을 통해 세계인들이 카이로에서 일어나고 있는 민주화 열풍을 감지했다. 한 해 뒤에는 미국 정·재계에 항의하는 '월 가를 점령하라' 운동이 유튜브를 통해 온 세계로 발신되었다. 그리고 지금은 홍콩의 우산 혁명이 블루투스를 통해 중국 당국의 인터넷 검열을 교묘하게 빠져나가고 있다. 그러나 이러한 운동들은 모두 IS가 지금까지 불러일으킨 정치, 경제, 사회 측면의 대변동에는 미치지 못했다.

현대의 첨단 기술과 다극화된 세계질서에 관한 확고부동한 지식만

159

으로는 성공이 보장되지 않는다. 그럼 다음과 같이 말하는 것은 가능할까? 아랍의 봄을 비롯한 '스마트폰 봉기'는 실패했지만 IS가 성과를 올린 까닭은, 후자를 이끈 것이 전문적인 권력 엘리트 집단이고 명령에 따라 병력을 일사불란하게 통솔한 반면 전자는 자발적 참여에 맡겨지고 참여 구성원 간의 관련성이나 상호 교류에 농락당하기 십상이었기 때문이라고. 만약 그렇다면 IS에 의한 국가 건설 모델은 아랍의 봄보다 훨씬 더 현대적인가? 이는 참으로 무시무시하고 끔찍한 질문이다. 그럼에도 권위주의의 새 물결이 증식하는 것을 막고 싶다면 민주주의를 신봉하는 합법적인 국가들은 이 물음에 답해야만 한다.

아랍의 봄의 실패. IS의 성공. 그 밖의 제3의 길은 있을까? 답은 '그렇다'이다. 있다. 제3의 길은 교육, 지식 그리고 변화가 빠른 정치 환경에 대한 깊은 이해를 바탕으로 한다. 이것들은 과거에도 유혈 없는 합의로 정치체제를 변화시킬 때 똑같이 사용되어온 수단들이다. 하지만 스마트폰을 구사하는 젊은 전사도, 회색의 슈트로 몸을 감싼 정치인도 아직은 이 사실을 모르고 있다.

이 책은 2014년 6월에 쓰기 시작했다. 일찍이 알 자르카위가 이끌던 무장조직이 탄생하고 변화하면서 이라크로 진군 중이던 바로 그 무렵이었다. 이 움직임을 추적하면서 내 에이전시 디아나 핀치와 세븐스토리즈 출판사가 2005년에 출간한 책『이라크의 반란: 알 자르카위와 새로운 세대Insurgent Iraq: Al Zarqawi and the New Generation』를 다시 읽었다. 내 자신의 시각이 잘못되지 않았다는 것을 확인하면서 집필과 관련해 모은 자료를 검토했다. 그때도 중동 사태는 계속되고 있었으며, 세계의 새롭고도 가장 큰 적으로 변모한 이슬람국가는 국제사회의 이목을 끌었다. 이 책이 인쇄에 들어갈 때도 정세는 계속해서 유동적이었다.

　IS에 대한 정보와 데이터 수집을 도와준 저널리스트 친구 로라 파세티에게 특별히 감사한다. IS의 미디어 전략이 어떻게 진보했는지를 가르쳐준 이디스 샴페인, 시리아 내전으로의 주의를 환기시켜준 프란

161

체스카 보리에게도 깊이 감사한다. 『이라크의 반란』의 편집자이자 친구인 리아 줄리엔이 다시 『이슬람 불사조』의 편집도 흔쾌히 맡아주었다. 그녀가 내 영어를 좀더 명확하고 뛰어나게 고쳐준 점에 대해서도 특별히 감사한다.

늘 그랬던 것처럼, 나의 조력자 페데리코 바스티아니에게 귀중한 도움을 받았다. 그의 헌신적인 도움이 없었다면 이 책은 제때에 세상의 빛을 보지 못했을 것이다. 원고를 한 번도 아니고 두 번씩이나 읽고서 평해준 처제 클라우디아 거슨과 내 가장 다정한 친구 바트 스티븐스에게 진심으로 감사한다. 내가 원고를 쓰는 동안 나를 돌봐주며 요리를 해준 샐리 클라인에게 고맙고, 또한 나를 즐겁게 해준 그녀의 귀여운 손주들이 정말로 사랑스럽다.

최초의 원고를 편집할 때 뉴욕 이스트 쿼크의 집을 빌려준 스티븐과 엘레오노라 크레아투로에게도 이 자리를 빌려 감사하다는 말을 전한다.

세븐스토리즈 출판사의 유능한 직원들이 없었다면 이 책은 완성되지 못했을 것이다. 그리고 실비아 스트라멘가의 노고가 없었다면 이 책은 많은 언어로 번역될 수 없었을 것이다.

이 책의 성공을 확신하며 격려해준 이탈리아의 에이전트인 루이지 베르나보에게도 특별히 감사의 말을 전한다.

끝으로 항상 응원해준 남편, 아이들, 어머니, 이모, 사촌 마리나와 데이비드, IS에 대한 나의 끝없는 이론을 참을성 있게 들어준 믿음직스러운 친구들이 정말로 고맙고, 그들 모두에게 감사한다.

IS의 정체와 '이슬람 불사조' 칼리프 국가 건설의 전말

'이슬람 불사조'가 초미의 관심사다. 7세기의 예언자 무함마드 이래 제국의 영광을 누렸던 칼리프 국가의 재건을 노리는 이슬람국가가 그 야망을 실현한다면, 저자의 표현대로 IS는 이슬람 불사조가 되어 훨훨 나래를 펴고 날 것이다. 아니면 중동 분쟁의 잿더미로 꺼져버리든지.

'미증유의 살인집단'에 열광하는 세계의 젊은이들

지금으로서야 그 누구도 호언장담할 수 없지만, IS가 끔찍한 살인 퍼레이드로 세계인의 이목을 단연 중동으로 쏠리게 한 것은 틀림없다. 한국에서는 열여덟 살에 불과한 김모 군이 자진해서 IS에 들어가 충 **163**

격을 안겼다. 일본의 한 대학생은 "취업활동에 실패했기 때문"에 IS에 참가했고, 말레이시아에서는 공무원도 가담했다. IS 지원자가 2000명에 육박한 유럽, 800명인 러시아도 골머리를 앓고 있다. 이렇듯 IS는 세계 각지에서 자발적인 대원들을 끌어들이는 자력磁力을 지닌 조직으로 급부상했다.

여러 나라 젊은이들이 공산주의에 매력을 느꼈던 적이 있다. 그러나 스탈린과 마오쩌둥 제국의 실상이 알려지면서 실망한 이들은 무장조직으로 경도되었다. 그들이 향한 곳 중 하나가 팔레스타인이었다. 가령 일본 적군파는 1972년 이스라엘 로드 공항에서 민간인 100명 이상을 사상하는 테러를 저질렀다. 이후 팔레스타인 자치조직은 PLO와 하마스로 분열되고 재정적으로도 부패해 영향력을 잃었다. 현실 사회주의는 무참한 실패로 끝나고, 자본주의 국가도 신자유주의의 기치 아래 양극화만 확대하면서 젊은이들의 불만은 고조되었다.

이런 상황에서 기대를 모은 것이 아랍의 봄이었다. 아랍 민주화의 불길은 튀니지, 이집트, 리비아로 번져나가고 마침내 시리아에까지 당도했다. 그러나 러시아와 이란의 후원을 등에 업은 시리아의 아사드 독재 정권은 쉬이 전복되지 않았다. 그 사이 리비아는 내전 상태에 빠지고 이집트도 군사정권으로 역주행하자 다시 절망감이 감돌았다. 이때 IS는 시리아와 이라크에서 반정부 활동을 펼치며 그 존재감을 과시했다. 리먼브라더스 쇼크 이후 세계 각지의 불황과 뒤이은 유로존 위기는 여러 나라 젊은이들에게 열패감을 갖게 했다. 이 끝없는 좌절감을 타개해줄 노스탤지어가 일부에게는 칼리프 국가였는지도 모른다. 젊었을 적에 누구나 한번쯤은 품게 되는 공동체 유토피아에 대한 강한 향수일지도 모른다. 분명한 이유는 당사자들만이 알겠지만, 여하튼 지금 세계는 'IS라는 미증유의 존재'에 당혹감을 감추지 못하고 있다.

IS는 제2의 이스라엘을 꿈꾸는 준국가 조직

주지하다시피 1948년 이스라엘 건국 이후 중동 분쟁은 끊이질 않았다. 팔레스타인, 이슬람교 종파, 쿠르드족, 석유 자원을 둘러싼 이권 다툼, 아랍 보수 왕정의 독재 등 최근에는 국제테러조직들까지 가세해 중동 사태는 해가 갈수록 복잡한 양상을 띠어왔다. 특히 IS에 대응하기 위한 미국 주도의 연합전선은 전면전의 수령에 빠져들 것을 우려해 지상군 파견은 유보하고 있으면서도 2014년 말부터 대규모 공습을 감행하고 있고, 2015년 2월 초에는 요르단이 자국 조종사를 화형에 처한 IS의 근거지를 향해 보복 공습에 나서 확전 우려를 낳고 있다. 그렇다고 중동 분쟁의 매듭이 쉽사리 풀릴 것 같지는 않다. 알카에다의 잔당에 불과했던 IS는 갑작스레 생겨난 조직이 아닌 중동의 유구한 역사가 켜켜이 쌓인 데서 탄생한 산물인 데다, 지금의 문제도 지난 100여 년 동안 지속돼온 현대 중동사의 연장선상에 있기 때문이다. 저자가 지적한 대로 이는 서구가 처해 있는 가장 큰 딜레 **165**

마다. 그래서 저자는 이 책을 통해 IS가 바로 중동의 오래된 종파 대립, 아랍민족주의와 서구의 갈등, 칼리프에 대한 해석 문제, 천연자원 쟁탈, 아랍 보수 왕정과 강대국들의 대리전쟁 터라는 여러 근본적인 요인으로 인해 파생된 결과물이라는 점을 심층적으로 분석한다.

예의 그 이슬람국가의 정체가 무엇이기에? 지난 20년 동안 테러조직의 재정을 집중적으로 연구해온 저자는 '최초로' IS는 단순한 테러리스트 조직이 아니라 '칼리프 국가 건설'을 꿈꾸는 '국가(지향적) 세력'이라고 진단한다. 아직은 "의사擬似 국가"(혹은 위장僞裝 국가나 유사類似 국가), 즉 사회경제적 인프라(과세, 고용 서비스 등)는 확보되는 반면 정치 인프라(영토와 주권)는 없는 국가일 수 있지만, 현재 IS는 시리아와 이라크 일부 지역도 실효 지배하고 있다. 그래서 저자는, IS는 알카에다처럼 산발적인 테러를 일삼는 과격파 무장단체가 아니라, 세계화와 최신의 테크놀로지에 의해 성장한 준準국가라고 본다. 그들이 지금까지 성공해온 이유를 저자는 묵시론적인 비유로 드러낸다. IS의 일차적인 목적인 현대판 칼리프 국가는 "수니파 무슬림에게 유대인의 이스라엘"이고 "과거 자신들이 갖고 있던 토지(칼리프 제국의 영토)의 권리를 오늘날의 무슬림에게 되돌려주는 것"이며, "비록 내가 지금 어디에 있더라도 반드시 지켜주는 이슬람 신정일치 종교 국가"가 존재한다는 것을 보여주는 정통 무슬림 국가다. 놀랍게도 칼리프 제국의 부활은 유대인들이 이스라엘을 건국한 목적과 같다. 이것이야말로 저자 특유의 독자적인 관점이다.

그동안 서구의 많은 전문가는 IS를 탈레반과 같은 시대착오적인 조직이라고만 생각했다. 그러나 IS는 다극화된 세계질서 내에서의 다두형多頭型 대리전쟁의 모순과 강대국의 한계를 숙지하고 있다. 과거 이슬람 테러조직이 화려한 활동에 비해 민심의 이반을 일으키며 아무런 성과를 이루지 못한 까닭을 주시하면서 칼리프 국가를 수립하고자 한다. 그러기 위해서는 영토가 시급했다. 시리아의 국가 통치 능력이 저하된 것을 틈타 유전이 있는 지역을 정복하고 재빨리 경제적 자립을 달성했다. 또 IT를 구사한 정보 전략과 회계결산서까지 갖춘 현대성은 기존 테러리스트 집단과는 확연히 다르다. 과연 IS가 실효 지배하고 있는 옛 칼리프 제국의 땅은 '테러리스트가 건설하는' 역사상 최초의 국가가 될 수 있을까? 이 책은 이 질문에 초점이 맞춰져 있다고 봐도 좋을 것이다.

IS의 뿌리와 서구 제국주의의 중동 분할 공작

저자는 IS가 기존의 테러조직과는 다른 이질적인 괴물과 같은 존재이지만 그것을 낳은 모체가 제1차 세계대전과 서구 제국주의의 중동 정책이라는 점은 같다고 지적한다. 제1차 세계대전의 승전국이 된 서구 열강이 400년 동안 오스만 제국 치하에 있던 아랍의 인종, 종교, 역사적 배경, 현지의 바람을 무시한 채 자신들의 이익을 위해 불합리하고 무책임하게 분할하며 지도자들을 임명한 결과 현대 중동의 국경선이 그어졌고, 그리하여 그 모든 분쟁의 씨앗이 뿌려졌기 때

167

문이다. IS의 탄생은 서구 제국주의의 중동 분할 공작인 사이크스-피코 협정(1916)이 그 역사적 근원이라는 얘기다. 영국, 프랑스, 러시아는 오스만 제국 영토 분할에 관한 비밀 협정인 사이크스-피코 협정에 따라 중동에 자의적인 국경선을 그었다. 영국은 현재의 요르단과 이라크 지역을, 프랑스는 지금의 시리아와 레바논 지역을, 러시아는 터키 동부 지역을 분할 점령한다는 내용이었다. 이는 영국이 팔레스타인 지역에 유대인 국가 건설을 지원하겠다고 약속한 밸푸어 선언(1917)과 함께 그 뒤 수많은 중동 문제를 야기한 화근이었다. 이 점에서 서방이 현재 처해 있는 딜레마도 어쩌면 인과응보이자 자업자득이다. 아랍은 그 무엇보다 종교적 종파와 부족이 우선이라는 사실을 도외시한 채 지도를 제멋대로 그려버린 탓에 잉태된 딜레마인 것이다.

부시는 2003년 이라크가 대량살상무기를 보유하고 있다는 이유로 이라크를 공격했다. 테러 사건을 일으킨 알 카에다와 사담 후세인은 무관했지만, 미국은 훗날 IS의 모태였던 '이라크 알 카에다' 지도자 알 자르카위를 이 양자 관계를 상징하는 인물로 키웠다. 미국이 날조한 알 자르카위의 전설을 계승한 자가 IS의 지도자 알 바그다디다. 미국이 알 자르카위를 슈퍼테러리스트로 만들고 억지로 9·11 테러와 이라크를 연결시켜 후세인 정권을 붕괴시킨 결과, 중동에 권력의 진공 지대가 생겨났다. 진공은 분쟁의 온상이 되기 마련이다. 제1차 세계대전도 오스만 제국의 약화로 인해 발칸 반도에 권력의 진공 지대가 생겨난 데서 촉발됐다.

IS 입장에서는 중동이 사이크스-피코 협정 이전으로 되돌아가야 만 한다. 저자의 비유를 들자면 "유대인이 이스라엘을 건국한 것처럼, 이슬람 수니파를 위한 칼리프 국가를 수립"하는 것이 IS의 지향점이다. 구미 제국이 자의적으로 획정한 국경선보다는 과거 이슬람 칼리프 제국의 영토에 근거한 이슬람국가에 역사적 정통성이 있다는 것, 다시 말해 IS는 예언자 무함마드의 권위를 이어받는 칼리프의 이름으로 국경선을 다시 긋는 '현대 중동의 재탄생'을 기획하고 있는 셈이다. 이것이야말로 일부 무슬림에게 설득력과 호소력을 지닌다고 저자는 말한다. IS 자원병들은 아랍의 봄 이후 혼란을 일으키고 있는 서구 민주주의와 기존의 '유산流産 국가(이라크와 시리아)'에게는 흡인력을 느끼지 못한다. 오히려 칼리프 국가의 재건을 촉구하는 IS에게 창업 기업이나 새로운 유형의 국가 탄생 같은 설렘을 느끼고 있다는 이야기다. 그래서 IS를 이해하려면 중동 역사에 대한 이해가 불가피하고, IS는 '과격 테러조직'일 뿐이라는 인식의 틀을 바꾸어야 한다는 것이 이 책의 요지다. IS는 역사, 종교, 민족, 경제 문제가 중층적으로 겹치는 '국가'라는 렌즈로 접근, 분석해야 한다는 것이다.

▎이슬람 불사조의 둥지는 증오와 분쟁의 악순환

검은 깃발 아래 복면한 남자들이 총을 높이 들고 있는 모습만 보면 IS는 단순한 무장 테러집단이라는 인상이 강하다. 하지만 알 바그다 **169**

디는 훨씬 더 웅대한 꿈을 갖고 있다. 바로 칼리프 국가 건설이라는 목표를! 그는 옛 칼리프 제국의 일부 영토를 정복하고 석유를 확보하며 전기를 끌어오고, 무료 급식소를 설치하고 예방접종까지 해주면서 민심을 얻고 있기도 하다. 또한 통신기술이 비약적으로 발달함에 따라 국가와 '의사 국가'가 보유한 자원의 압도적인 격차도 줄일 수 있었다. 소셜 미디어를 통해 통신위성이나 자국의 언론매체가 없더라도 전 세계인에게 자신들의 존재를 과시하거나 다른 나라 사람들에게 참가를 호소하는 것도 가능했다. 게다가 냉전 종식 후 세계가 다극화되었기 때문에 대리전쟁을 치르는 조직의 후원자들은 얼마든지 존재한다. 후원자의 이해는 일치하지 않아 IS와 같은 과격파 집단에게는 주변 환경이 더 나아졌다. 러시아는 아사드 정권에 무기를 제공하는 반면, 미국은 반反아사드파에게 무기를 제공하고 있는 시리아에서, IS는 미·러 양측 모두의 무기를 손에 넣지 않았던가? 그래서 일본인 인질 사건은 각자의 사정에 따라 참가하고 있는 국제연합전선의 가장 취약한 고리를 노린 것일지도 모른다. IS는 어디까지나 그들 나름의 방식이지만 법과 질서의 준수도 강제한다. 이 점에서는 역설적으로 이스라엘과 비슷해 'IS는 수니파의 이스라엘'이라는 해석도 가능하다. 이에 저자는, IS는 이스라엘처럼 '근대 국민국가'의 요건을 모두 채우려는 시도를 하고 있다고 본다. "그것은 즉 영토, 주권, 정통성이며 행정제도다." 다만 앞으로 IS가 정말로 근대 국민국가 수립을 완성하려면 이단자(시아파)의 정복이나 복수만으로 그 목적을 달성하기는 어려울 것이다. 국가에는 정통성이라는 높은 장벽이 있고, 특히

170

나 현대 국가는 종교만으로 그러한 정통성을 확보할 수 없기 때문이다.

저자는 10년 사이에 동시다발적으로 일어난 아랍 민주화 열풍과 IS의 출현은 모두 혼란스럽고 다극화된 세계질서의 산물이라고 본다. "아랍의 봄과 IS는 현대의 '야누스의 얼굴'이다. 똑같은 문제(중동의 부패한 지도층)에 대한 두 개의 답이다. 현재의 IS는 결코 신종 테러리즘 조직이 아니라 정확하게는 '모던한' 존재다." 즉 '국가 건설을 목표로 한 가장 현대적인 테러조직'이라는 말이다. 또한 미국이 유엔의 승인을 얻은 대규모 지상군을 편성한들 IS에 대한 군사 개입은 이라크 주변에 한정되고, 더구나 그 지역의 정규군 및 민병대를 지원하는 공습 형태에 불과할 것이므로 넓은 범위에서 펼쳐지고 있는 현대판 대리전쟁을 확대할 뿐이라고 지적한다. 이러한 접근 방식은 다른 무장단체가 IS의 전철을 밟고 추종하는 일을 재촉할 수 있다. 동질의 무장 세력이 속속 후원자들로부터 자금과 무기를 지원받고 독자적인 국가를 자처하며 중동을 크나큰 혼란에 빠뜨릴 위험성이 농후하기에 그렇다.

결과야 어찌됐든 외국의 군사 개입이 중동의 불안정을 해결할 근본적인 대책이 아니라는 점은 명백하다. 지금까지도 해결을 보지 못했고 앞으로도 어려울 것이다. 따라서 저자는 신선하고 좀더 현실적인 접근이 필요한데, 이는 중동에 탈냉전 다극화 시대의 새로운 정치 세력(이슬람국가)이 존재한다는 것, 또한 대리전쟁은 결국 부메랑처럼 '제 발등 찍기 전술'이란 점을 인정해야만 한다고 역설한다. 요컨대 '이슬람 불사조Islamic phoenix(칼리프 국가)'에 대응하려면 '전쟁 이

외의 수단'을 모색해야만 한다는 것이다. 그것은 아랍의 봄이나, 지금
으로서는 성공 가도를 달리고 있는 IS의 방식과는 다른 '제3의 길'이
다. "제3의 길은 교육, 지식 그리고 변화가 빠른 정치 환경에 대한 깊
은 이해를 바탕으로 한다." 물론 저자가 제시하는 대안이 구체적이지
않은 게 흠이지만 제3의 길을 찾자는 호소만큼은 그냥 흘려들어서
는 안 될 듯싶다.

▌현대판 칼리프 국가 건설의 전말

혹자는 IS와 서구의 대립에서 제3차 세계대전의 전조를 보기도 한다.
물론 제1, 2차 세계대전의 국가(연합) 간 전면전처럼, IS는 압도적인
국력과 군사력을 보유한 서구와는 재래식 전면전을 할 수 없을 것이
다. 전쟁은 무기에 따라 창·활·칼로 한 1세대, 총포로 한 2세대, 전투
기·전차·잠수함 등으로 한 3세대 그리고 게릴라전과 해킹·통신교란
과 같은 정보전 등 군사적·비군사적 수단을 총동원하는 4세대로 나
뉜다. IS를 둘러싼 분쟁이 전형적이다. 이를 '비대칭적 장기 국제전'이
라 부르기도 한다.

자신이 IS의 칼리프라고 선언한 알 바그다디는 미군의 구금시설에
갇힌 적이 있다. 2009년 이곳을 떠난 그는 뉴욕 주 출신 미군을 향
해 "뉴욕에서 만납시다!"라고 말했다. 그 미군은 농담으로 받아들였
지만 IS가 급성장하고 있는 지금 이것은 단지 농담으로만 그치지 않

172

고 '제3차 세계대전의 전조'라든지 '비대칭적 장기 국제전'라는 식의 음울한 예언의 목소리로 바뀌어 증폭되고 있다. 그렇다면 가까운 미래에 IS를 정식 국가로 승인하는 나라도 나오는 게 아닐까? 설령 지금의 IS가 졸지에 망하더라도 또 다른 변종이 나올 가능성이 높다. 이슬람권이든 서방 측이든 해결해야 할 과제는 쌓이고 자꾸 매듭이 꼬여가기만 한다면 제3차 세계대전의 화약고가 될 중동 분쟁의 불씨는 여전히 그리고 영원히 타오를 것이기 때문이다.

다만 이 책은 IS의 "현대성과 실용주의 노선"을 지적하는 것에 초점을 맞추고 있어 그들이 택한 전근대적인 잔학 행위나 봉건적 제도에 대해서는, 일반적인 국제뉴스처럼 상세하게 다루지는 않는다. IS의 잔학무도함에 분노를 금치 못하는 독자 입장에서는 불만일 수도 있겠으나, 이 책은 르포문학이나 논픽션이 아니라 '이슬람국가의 정체와 현대판 칼리프 국가 건설의 전말'을 '역사학·경제학·군사학·국제정치학' 관점에서 파헤친 사회과학 교양서이기에 크게 걸고넘어질 점은 아닌 듯싶다. 이슬람 근본주의로의 위험한 낭만이 왜 부지기수의 젊은이를 칼리프 전사로 끌어들이고 있는지, 그 배경을 이해하기 위해서는 깊이와 재미 측면에서 최적의 책인 것만은 사실이다.

"살육의 응수·연쇄는 무슨 일이 있어도 중단했으면 좋겠다. 평화를 바라며 활동한 그의 죽음을 헛되게 한다"는 고토 겐지 유가족의 말을 되새기며 2015년 2월 옮긴이 노만수 씀.

173

옮긴이의 말

✤ 알 타우히드 알 지하드Al Tawhid al Jihad

이슬람주의 무장 세력으로 "유일신과 성전Monotheism and Jihad"을 의미한다. 2003년 이라크 팔루자에서 결성됐다. 타우히드Tawhid는 이슬람교에서 신의 유일성, 근원적 유일신 사상을 일컫는다. 알라와 다른 신을 함께 섬기거나 다른 신을 인정하는 자세를 금한다. 지도자는 아부 무사브 알 자르카위다. 2001년 아프가니스탄 전쟁 때 아프카니스탄에서 탈출하는 100명 이상의 알 카에다 전사들을 위해 신분증을 위조해주었다. 또한 자금 지원과 피란소(테헤란 주변)도 제공했고, 중동의 이란과 다른 지역 그리고 유럽 각지에서 운동을 조직했다. 2004년에 오사마 빈 라덴에게 충성을 맹세하고 '알 카에다 이라크 지부al Qaeda in Iraq'로 개칭했다.

✠ 알라위트Alawati

시리아의 한 시아파 신비주의 종파. 역사적으로 외부인에게 닫힌 밀교였던 탓에 그 존재가 잘 알려지지 않았다. 시리아의 주요 소수파이지만 신도는 시리아 인구 중 12퍼센트에 이른다.

✠ 알 카에다Al Qaeda

아랍어로 '기지'라는 뜻. 오사마 빈 라덴과 빈 라덴의 군사령관 아부 우바이다 알 반쉬리가 구소련에 대항해 싸우는 아랍 자원병들의 네트워크로서 1988년 무렵에 조직했다. 알 카에다는 소련의 아프간 침공에 대항하기 위해 수니파 이슬람원리주의 조직에 자금을 지원하고, 지원병 모집과 군사 훈련도 병행해왔다. 곧이어 다민족 수니파 이슬람주의자 반정부 조직이 되어 아프간 전쟁 종결 후에도 활동을 지속했다. 주목적은 무슬림 세계 전역에 범이슬람주의 칼리프 국가를 건설해 기존의 비이슬람 체제를 전복하고 무슬림 국가들로부터 유럽인과 비무슬림을 추방하기 위해 다른 이슬람 무장조직과 합작을 하는 것이다. 1988년 이집트 이슬람주의 지하드(알 지하드al Jihad)와 합병했다. 대원은 수백에서 수천 명 사이라고 한다.

✠ 알 나흐다Al Nahda

'문화 부흥' 또는 '각성'이란 의미다. 19세기 말부터 20세기 초에 이집트에서부터 발흥했고, 나중에는 중동 전역에서 일어난 아랍문화 부흥 운동을 가리킨다. 이 운동이 일어났던 때를 아랍 근대화와 개혁의 시기로 본다. 아랍의 사상과 문화, 예술, 학문, 정치, 종교에까지 영향을 미친 거대한 지적, 문화적 사조로 유럽의 식민지화에 저항하는 아랍민족주의의 발생에 큰 역할을 수행했다. 애초에는 유럽식 사고와 이데올로기가 그 동기로 작용했으나 결과적으로는 아랍과 이슬람의 고유한 문화를 복원하고 부흥시키는 결과를 낳았다. 1798년 나폴레옹의 이집트 침공으로 인한 아랍인들의 문화적 충격과 19세기 초에 시작된 오스만 제국의 탄지마트Tanzimat 개혁 정책이 직접적인 계기였다. 이 개혁을 통해 오스만 제국 내에 입헌정치가 도입되었고, 이는 아랍의 정치·문화 엘리트들을 크게 자극했다.

✠ 반소비에트 지하드 Anti-Soviet jihad

아프간인 및 무슬림 전사(무자헤딘)가 1979년 10월부터 1989년 2월까지 아프가니스탄을 침략해서 점령한 구소련에 맞서 싸운 전쟁이다. 소비에트 군이 패배해 철수하자 종결되었다.

✠ 알 부크르 알 바그다디 Abu Bakr al Baghdadi

이라크와 시리아 일부를 실효 지배하고 있는 칼리프 국가, 즉 이슬람국가IS를 스스로 선포한 ISIS의 지도자.

✠ 칼리프 Caliph

종교와 정치 양면의 무슬림 최고 권위자의 칭호. 칼리프는 예언자 무함마드의 뒤를 이어 이슬람 교리의 순수성과 간결성을 유지하고, 종교를 수호하며, 동시에 이슬람 공동체를 통치한다. 어원은 '후계자'를 뜻하는 아랍어 칼리파khalifa에서 유래했다. 632년 예언자 무함마드가 사망할 당시 이슬람 공동체는 메카와 메디나를 비롯하여 아라비아 반도 대부분을 통치하는 칼피프 제국이었다. 그러나 예언자 무함마드는 이슬람 공동체 움마를 이끌어갈 후계자를 결정하지 못한 채 사망했다. 움마의 원로들은 부족 회의인 사키파Saqqifa를 통해 칼리프를 선출했다. 제1대 칼리프로 예언자 무함마드의 오랜 동료인 아부 바크르(재위 632~634)가 선출되었다. 칼리프는 또한 오토만 술탄 메흐메드 2세(1451~1461)가 시리아와 팔레스타인을 정복하며 이집트를 오토만 제국의 영지로 삼고 1453년 비잔틴 제국의 콘스탄티노플을 점령하면서 '정복자'라는 칭호를 갖게 되었다. 16세기 이래로는 성지인 메카와 메디나의 수호자로서 가장 영예로운 호칭이 되기도 했다.

✠ 칼리프 국가Caliphate

예언자 무함마드의 후계자인 칼리프가 통치하고 지배하는 이슬람 정통 국가.

✠ 십자군Crusades

이슬람교도로부터 성지 예루살렘을 탈환할 목적으로 이뤄진 서구 유럽 기독교 세력의 군사 원정. 교황 우르바누스 2세가 1095년에 제1차 십자군을 시작했다. 11세기부터 13세기에 걸쳐 여덟 차례 십자군 원정이 일어났다. 십자군 원정에 참가한 기사들은 천국에 갈 수 있다고 믿었다. 무슬림 입장에서 보면 십자군은 기독교도의 영토를 확장하고 무슬림을 죽이는 군사행동에 불과했다.

✠ 바스크 조국과 자유Euskadi ta Askatasuna, ETA

Euskadi ta Askatasuna는 바스크어인데 "바스크 조국과 자유Basque Fatherland and Liberty"란 의미다. 바스크 지방을 스페인으로부터 독립시키겠다는 목적으로 결성된 무장단체다. 모체는 EKIN으로 불리는 바스크 민족주의 그룹이다. 1958년 Euskadi ta Askatasuna로 명칭을 바꾸었다. 초기에는 빌바오와 같은 바스크의 도시에서 폭파 공작 등을 하다가 1968년부터 치안 부대나 정치가 등을 겨냥한 무력 투쟁으로 격화되었다. 현재도 스페인에서 활동하고 있으며 세계의 무장조직과도 연계를 꾀하고 있다. 다만 대원이 매우 적으며 핵심 활동가는 20명 정도라고 한다. 화염병을 이용한 습격과 폭행 등에 종사하는 준대원은 수백 명 남짓이다. 본부는 스페인과 프랑스의 바스크 지방에 있다.

✠ 콜롬비아혁명군Revolutionary Armed Forces of Colombia, FARC

마누엘 마룰란다 벨레스와 콜롬비아 공산당Partido Comunista de Colombia, PCC 중앙위원회의 멤버들이 1964년에 설립했다. 마르크스주의를 내걸고 정권 타도를 목표로 하고 있는 무장조직이다. 가난한 시골 농민들을 콜롬비아 부유층으로부터 보호하겠다고 주장한다. 미국의 영향력을 막겠다며 반미주의의 기치를 내걸고 천연자원의 민영화, 다국적 기업의 진출에 반대한다. 부유한 지주, 외국인 관광객, 국내외 주요 인사를 표적으로 삼고 살인, 유괴 등을 저질러왔다. 대원이 7000명으로 추정되는 군대 조직을 보유하고 있다. 제복을 착용해 정규군처럼 행동한다. 콜롬비아의 마약 밀거래 조직과 손잡으면서 세력이 급속도로 커졌다. 전문가에 따르면 연간 수입은 2억 달러에서 4억 달러에 달하는데, 적어도 절반 이상이 불법 마약 거래로 얻는 돈이라고 한다. 나머지는 유괴와 강탈, 지방에서의 불법 징세로 끌어 모은다.(www.contrast.org/mirrors/farc/)

✤ 피트나Fitna

원래 신도의 신앙을 시험하는 '시련'을 의미했다. 하지만 현재는 이슬람 공동체 세계에서의 불안과 내전을 가리킨다. 이슬람 역사에서는 흔히 '제1차 내전'처럼 무슬림끼리의 특정한 내홍을 가리킨다.

✤ 무장이슬람집단Groupe Islamique Arme, GIA

소련의 침공으로 벌어진 아프가니스탄 전쟁(1978~1989)에 참여한 아랍-아프칸인들이 알제리로 귀환해 설립한 이슬람 무장조직으로 추정된다. 1992년 3월에 설립된 것으로 추정된다. 지도자는 일명 디자파르 알 아프가니로 알려진 아부 압드 아흐메드이다. GIA의 최종 목적은 군부의 뒷받침을 얻은 현 정권을 타도하고 샤리아(이슬람 율법)에 근거한 이슬람 국가를 건설하는 것이다. 대원 수는 2만에서 2만5000명으로 추정되고 있다. 1993년 12월 이래 알제리 거주 외국인 및 알제리인 시민에 대한 극히 잔학한 테러를 저지르고 있다.

✱ 하마스Hamas

하마스는 이슬람저항운동Harakat al-Muqaqama에서 머리글자를 딴 것으로, 아랍어로 '용기'를 뜻한다. 팔레스타인 가자지구의 인티파다 발발 닷새 후인 1987년 12월 14일에 아마드 야신이 이스라엘에 저항하는 무슬림형제단의 팔레스타인 지부로 창설했다. 이스라엘 점령 지역에서 팔레스타인해방기구와 세력 다툼을 벌이는 라이벌이다. 특히 걸프전쟁 이후에 아라파트가 국제사회에서 발언력을 잃은 틈을 타 세력을 크게 키웠다. 이들은 이슬람 수니파 원리주의를 내세우며, 이스라엘 점령하에 있는 팔레스타인의 완전한 해방 및 이슬람 교리를 원리원칙대로 받드는 국가를 건설하고자 한다. 점령 지역이 해방되기 위해서는 전쟁 이외의 수단은 없다고 생각하기 때문에 일체의 타협을 거부하는 강경 자세를 취해왔다. 하마스의 활동은 1988년 8월 18일에 정한 헌장대로 팔레스타인 해방과 이슬람 국가 건설 외에 이슬람 국가에서 구미인의 추방, 아랍의 서구화 저지가 목표다. 1993년 이스라엘과 PLO가 맺은 오슬로협정에 반대했다. 무장 투쟁과 병행하여 빈민가에 학교와 병원을 지어 팔레스타인 빈민들의 폭넓은 지지를 확보했다. 2006년 1월에 치러진 팔레스타인 자치정부의 총선에서 132석 가운데 73석을 차지하며 40년 동안 집권해온 파타당을 누르고 승리함으로써 집권당이 되었다. 에즈 에딘 알 카삼Ezz Eddin al-Qassam이라는 군사조직을 보유하고 있다. 2014년 8월에 본격적으로 정전에 합의했다. 창설자인 아마드 야신은 2004년 이스라엘의 미사일 공격으로 사망했다.

✠ **헤즈볼라Hezbollah**

아랍어로 '신의 당'을 의미한다. 급진적인 레바논 시아파 계열의 정치 무장조직에서, 이스라엘의 레바논 침공을 계기로 1982년에 출범했다. 이란의 경우처럼 레바논에서의 무슬림 국가 건립, 아랍 땅에서 모든 점령지의 해방, 무슬림 국가로부터 비무슬림의 추방을 행하고자 한다. 이란으로부터 자금과 물자 원조를 받았으며, 베이루트 남부, 베카 고원이 주요 활동 지역이다. 대원은 레바논 내에서는 4만 명으로 추정되며, 이외에 수천 명의 지지자가 있다고 한다. 다연발 BM-21 로켓과 같이 중화기 테러 공격을 일삼고 수많은 대원이 미국에 맞선 테러에 관여했다는 의심을 받고 있다. 합법 정당으로서 정치활동도 하고 있으며, 국민의회에 의석을 갖고 있다. 군사 부문은 1983년에 발족해 레바논 남부에서 군사 작전을 수행해왔다. 헤즈볼라는 이슬람 지하드라는 이름으로 행동하는 잘 훈련된 400명의 전투원과 5000명의 지지자를 보유하고 있다. 산발적인 공격(대부분 폭파와 살해) 외에 이스라엘과 레바논 정규군에 대한 군사 작전을 수행하기도 한다. 레바논 남부에서 지하드 알 후드Jihad al Hoed, 부흥을 위한 성스러운 고투를 통해 이스라엘군에게 파괴된 건물 재건 자금을 제공하는 등 지지 기반 확립에 힘쓰고 있다. 이슬람 저항활동이라는 명목 아래 군사 작전이 1993년경부터 비합법적인 성격을 강하게 띠어왔다. 자살 테러로 사망한 순교자의 가족에게 2만5000달러를 지급하고 있다.

✠ 이맘Imam

일반적으로 이슬람 집단 예배를 관장하는 지휘자를 의미한다. 이 경우 예배 의식에 대한 지식이 있으면 좋으나 성직자일 필요는 없으며, 또한 특별한 종교적 능력을 갖고 있지 않아도 된다. 다만 수니파에서는 이슬람 공동체의 지도자를 가리켜 비유적으로 사용하기도 한다. 시아파에서는 이 용어가 복잡하고도 많은 의미를 담고 있다. 하지만 일반적으로 무함마드의 사위 알리의 직계 후손을 가리켜 사용한다. 대문자로 표기할 때는 특히나 이 뜻이다. 시아파는 알리의 후손만이 무함마드의 정통 핏줄이기에 칼리프가 될 수 있고 알라신의 정신적 권위를 갖고 있다고 믿는다. 이란은 시아파 수장 국가로서 12명의 이맘을 신봉한다.

✠ 이슬람주의Islamism

공사를 불문하고 모든 생활에서 이슬람교 교리에 따라야만 한다는 신조에 근거한 정치 이데올로기.

✠ ISI

이라크·이슬람국가Islamic State in Iraq의 약칭.

✠ ISIS

이라크·시리아 이슬람국가Islamic State in Iraq and Syria의 약칭. 이라크·레반트 이슬람국가ISIL, Islamic State of Iraq and the Levant, 이슬람국가IS, Islamic State의 약칭으로도 알려져 있다. 테러조직으로서는 공식적으로

2013년에 성립되었지만 전신은 2000년대 전반의 알 카에다로 거슬러 올라간다. 이라크와 시리아에 걸친 광대한 영토를 실효 지배하고 있다. 2014년 9월 초에 단계적으로 이라크 제1의 도시 모술을 공격해 제압했다.

✠ 누스라 전선Jabhat al Nusra

시리아와 레바논에서 지하드를 수행한 알 카에다 지부 조직. 시리아 내전 기간인 2012년에 설립되었다. 그들은 이라크·레반트 이슬람국가ISIL와 몇 차례나 충돌하였다. 이 책을 인쇄 중인 시점에 누스라 전선은 이슬람국가와의 전투에서 패색이 짙어졌다.

✠ 지하드Jihad

이 용어를 곧잘 '성전聖戰'이라고 번역하지만 오역이다. 성전이란 개념은 유럽에서 십자군 운동 기간에 만들어진 말에서 유래한다. 지하드는 아랍어에서는 단순히 '투쟁'을 의미한다. 종교 교리에 비추어 이 말을 번역한다면 "신의 대의를 위한 싸움"이다. 지하드는 두 가지 측면이 있다. 대大지하드는 자신의 육체적인 욕망 그리고 사악한 유혹과의 일상적인 싸움을 의미한다. 소小지하드는 침략자에 대항해 무력으로 이슬람을 지키는 전쟁을 의미한다. 다양한 이슬람 무장단체가 서구와의 무력 충돌을 가리켜 이 용어를 써왔다. 오사마 빈 라덴이 미국에 맞선 파트와fatwa, 율법적 결정으로서 지하드를 호소한 것을 억압자에게 저항하는 "정의로운 싸움"이라고 부른 일은 아주 유명하다.

✠ 지즈야Jizyah

이슬람 정복지에 거주하는 딤미(비무슬림)에게 부과하는 인두세. 그 대가로 안전 보호, 종교의 자유를 주었다. 현재 이슬람 세계의 국가들에서는 이 세금을 걷고 있지 않지만, IS는 일부 지역에서 납부를 받고 있다.

✠ 코란Koran

아랍어로 기록된 이슬람 경전. 이슬람의 예언자 무함마드가 610년 아라비아 반도 메카 근교의 히라 산 동굴에서 천사 가브리엘을 통해 처음으로 유일신 알라의 계시를 받은 뒤부터 632년 죽을 때까지 받은 계시를 집대성했다.

✠ 쿠프르Kufr

직역하면 '불신'이라는 의미. 이슬람교를 믿지 않는 사람을 가리키는 데 쓰인다.

✠ 현대 살라피즘Modern Salafism

살라피즘에 대한 급진주의적 해석. 이슬람의 순수성으로 돌아가자고 요구하는 강력한 반反서구 운동.

✠ 무자헤딘Mujahedin

아랍어 무자헤드mujahed의 복수형으로, 직역하면 '지하드를 수행하는 자.' 이 용어는 소련의 아프간 침공(1979~1989)에 맞선 싸운 무슬림을 가리켜 사용됐다. '성스런 전사'로 번역한다.

❀ 무크탑 알 키드마트Muktab al Kidmat

'아랍-아프간 사무국Arab-Afghan Bureau'이라 불린다. 오사마 빈 라덴과 압둘라 아잠이 1984년에 설립했다. 소련의 아프간 침공에 저항하기 위한 자금 조달과 테러리스트 지원자를 모집했다. 1989년 압둘라 아잠이 사망하자 이 조직은 알 카에다로 흡수되었다.

❀ 무슬림형제단Muslim Brotherhood

1928년 이집트에서 결성된 정치 조직. 수니파 교리에 충실한 현대의 모든 이슬람 운동의 원형으로 알려져 있다. 세계 각지에서 풀뿌리 네트워크를 통해 이슬람 개혁주의를 표방한다.

❀ 내셔널리즘Nationalism

이 용어는 국가와 그 권익에 애착 및 집착을 보이는 감정 및 이데올로기를 가리키는 데 쓰인다. 국가는 국민에 바탕을 둬야 하며, 국민은 국가를 형성해야만 한다는 이론에서 유래하였다. 내셔널리즘은 국가 정체성 의식을 요구하는데, 거기에는 영토의 통일, 공통의 언어, 문화나 습관의 공유 등이 포함된다.

❀ 물라 오마르Mullah Omar

파슈툰족 출신이고 탈레반의 정신적 지도자 겸 사령관이다. 1980년대 **185**

소련군과의 전투 중 파편에 한쪽 눈을 잃었다. 1996년 아프가니스탄의 수도인 카불을 점령해 아프가니스탄 이슬람 정권을 수립하고는 2001년까지 지도자로 군림했다. 알 카에다의 지도자 오사마 빈 라덴은 '당신은 우리의 지도자emir'라는 존경의 편지를 보낸 바 있다. 미국이 침공했을 때 물러났다.

✹ 오토만 제국Ottoman Empire

아나톨리아 서북부에 오스만 왕조를 세운 오스만 1세가 13세기 말에 건국한 무슬림 제국. 오토만이라 부르는 그의 후계자 집단이 아나톨리아 서부와 유럽 동남부의 비잔틴 영토로 영역을 확대했다. 전성기에 오스만 제국의 세력은 중동 전역에서 북아프리카의 일부와 유럽 동남부에 이르렀다. 그러나 19세기로 들어서면서 쇠퇴하고 분열해 제1차 세계대전 종전과 함께 완전히 해체됐다. 아나톨리아의 중심부는 터키가 되었고 다른 외부 지방은 각각 독립국으로 승인됐다.

✹ 사이드 쿠틉Sayyed Qutb

현대 이슬람 과격주의의 아버지로 일컬어진다. 1906년 이집트 남부의 시골 마을에서 태어났다. 전통적인 이슬람 교육을 받고 성장한 그는, 이집트 최고의 교사 양성 대학인 다르 알 울룸을 졸업한 뒤 이집트 교육부에서 일하며 소장 문학가로도 이름을 떨쳤다. 당시의 많은 지식인처럼 서구적인 근대화에 동의했던 그는 1948년에 극적인 인생의 전환을 맞이하게 된다. 정부의 후원으로 떠나게 된 2년 동안의 미국 유학을 통해서 서구적 근대화의 길을 버리고 오직 이슬람으로의 헌신만이 이집트와 무슬림 공동체를 위한 미래의 길임을 주장하게 된 것이다. 이후 그는 무슬림형제단의 사상·이론적 지도자로서, 가말 압둔 나사르가 이끈 혁명위원회의 유일한 민간인 위원으로서 활동했다. 그의 과격한 활동은 나사르 정권과 불화를 빚을 수밖에 없었고, 1966년에 결국 '국가전복기도 및 선동죄'라는 혐의를 뒤집어쓰고 형장의 이슬로 '순교'하였다. 『진리를 향한 이정표』는 무슬림권에 거의 번역되어 있고, 지금도 여전히 커다란 영향력을 발휘하고 있다.

✠ 팔레스타인해방기구 Palestine Liberation, PLO

팔레스타인 민족주의 운동을 비롯해 팔레스타인에 있는 모든 운동을 총괄하는 조직이다. 이집트의 비호 아래 1964년에 설립되었다. 초대 의장은 아흐메드 슈케이리. 1964년 5월 공포된 헌장에도 있는 것처럼 현재 이스라엘의 한 지역에, 혹은 적어도 점유 지역(가자와 요르단 강 서안 지구)에 팔레스타인 독립국가를 건설하는 것이 목적이다. 1969년부터 지도자였던 야세르 아라파트가 2004년 사망할 때까지 조직을 이끌었다. 그 후로는 마흐무드 압바스가 의장을 계속 맡아오고 있다.

✠ 페슈메르가 Peshmerga

쿠르드족 민병대로 정식 명칭은 쿠르드 군Kurdish Army. 이 조직은 오스만 제국 해체 후 1920년대 쿠르드 독립운동이 시작된 때부터 여러 형태로 존재하고 있다. 사령관급이나 사병에 여성도 포함되어 있다. 이라크령 쿠르디스탄의 군대 이름이기도 하다. 미국이 이끈 이라크 침공 때 사담 후세인을 생포하는 임무를 띠고 미국을 도왔다. 2004년에는 알 카에다의 수장인 오사마 빈 라덴의 연락책이던 하산 굴을 생포하기도 했다.

✸ 붉은 여단Red Brigades

학생과 노동자 운동을 모체로 1969년 이탈리아에서 결성된 극좌파 조직. 마르크스 레닌주의를 표방하며 계급투쟁과 혁명을 위해 폭력 투쟁을 펼칠 것을 주장한다. 이탈리아에 본거지를 두고 기업 경영자, 정치가, 경찰, 법관, 언론인, 실업가 등 사회적 지위가 높은 사람들을 표적으로 삼아 납치와 살인을 자행하며 이탈리아 안에서 활동했다. 1978년 3월 알도 모로 전 이탈리아 총리를 납치, 살해하기도 했다. 모로 전 총리 살해 당시 붉은 여단은 테러 대원이 500명 안팎으로 전성기를 누렸다. 그러나 1980년대 후반 경찰의 대규모 검거 작전으로 세력이 크게 약해졌다.

✸ 모크타다 알 사드르Moqtada al Sadr

이라크 시아파 민병대 지도자이자 무슬림 정치가. 2014년 갑자기 정계에서 은퇴했다.

✸ 살라피즘Salafism

이슬람교의 한 종파로 초기 이슬람 지도자들(살라프Salaf)의 가르침인 코란과 순나(전통 이슬람 규범)을 글자 그대로 엄하게 따르는 것이 옳다고 생각한다. 초기 이슬람 정신으로 돌아가자는 근본주의적 이슬람 개혁운동이다. 무하마드 이븐 압둘 와하브(1703~1792)가 창시자이다. 19세기 중반 유럽의 영향에 대응하며 형성되었다. 살라피즘은 종교적으로 극히 엄격하고, 금욕적인 생활을 지향하며 지하드와 결합되는 경우가 많다. 살라피즘은 대부분 사우디아라비아, 카타르, 아랍에미리트에 존재하며, 중동에서는 '우세한 소수파dominant minority'라고 불린다. 이 책『이슬람 불사조』에서는 19세기 말 이후 서양의 식민주의에 반발해서 출현한 살라피즘을 순수하다고 해석하며 '현대 살라피즘'으로 구별짓는다. 현대 살라피즘이 급진주의적인 지하디스트와 결합되어 나타난 것이 무자헤딘이나 알 카에다와 같은 무장단체들이다. '현대 살라피즘'은 유럽과 미국에 대해 강한 반감을 갖고 있다.

✖ SCIRI

이라크 이슬람혁명최고평의회Islamic Supreme Council of Iraq. 시아파 이라크인 정치 정당이다.

✖ 샤리아Sharia

'성법聖法'이라는 의미다. 어원은 샘이 흐르는 곳으로 통하는 길이며 이슬람력으로 2~3세기(기원후 8~9세기)에 체계화된 성법, 즉 유일신론(타우히드)과 율법(피크)으로 이뤄진 이슬람법이다. 이슬람교들을 도덕적, 법적으로 구속한다.

✠ 시아파Shiites

수니파 다음으로 큰 이슬람교 종파. 무함마드의 사위 알리(제4대 정통 칼리프)의 직계 혈통만을 최고 지도자로 본다. 제1차 내전Great Fitna 때 제5대 칼리프 무아위야를 따르기를 거부하고 이슬람 최대 종파인 수니파와 분열했다.

✠ 세이크 압둘라 아잠sheik abdullah azzam

수니파 신학자로 1980년대 후반 소련의 아프간 침공 때쯤 지하드 지지를 호소하며 동참을 촉구했다. 오사마 빈 라덴과 함께 무크탑 알 키드마트Muktab al Kidmat를 설립해 자금을 조달하고 알 카에다 테러리스트를 모집했다. 그는 자동차 폭탄 테러로 1989년 11월에 사망했다.

✠ 의사擬似 국가Shell-state

무장조직이 구축한 의사擬似 국가(혹은 위장僞裝 국가). 사회경제적 인프라(과세, 고용 서비스 등)는 확보하고 있지만, 정치 인프라(영토와 주권)를 갖추고 있지 못하다.

✠ 수니즘Sunnism

이슬람교의 최대 종파. 무함마드 사후 이슬람 공동체가 전통적인 선거로 고른 후계자를 최고 지도자로 우러르는 종파를 수니파라고 부른다. 이에 반해 시아파는 무함마드의 혈통적 직계를 세습 후계자로 여긴다.

✠ **타크피르**Takfir

배교자 선고. 신앙과 행동이 이슬람교의 이상으로부터 이탈한 무슬림을 고발하며 축출하는 행위다.

✠ **타우히드**Tawhid

이슬람교 용어로 '신의 유일성'을 의미한다.

✠ **대리전**War by proxy

강대국 대신 제3자인 다른 나라끼리 벌이는 전쟁을 의미한다. 1960년대 후반부터 1970년대 전반에 걸쳐 펼쳐진 베트남 전쟁은 대리전쟁의 대표적 예다.

✠ **울레마**Ulema

이슬람 법학자.

✠ **움마**Umma

국적, 민족, 정치사상, 경제적 차이 등을 초월한 무슬림 공동체.

✠ **자카트**Zakat

글자 그대로의 의미는 '정화.' 이슬람교에서 가난한 이들을 돕기 위해 매년 모든 무슬림이 수입과 재산의 정도에 따라 내는 자선 세금이다. 보통 총수입과 재산의 40분의 1, 즉 2.5퍼센트를 의무적으로 낸다. 일종의 구빈세다.

✠ 아부 무사브 알 자르카위Abu Mussab al Zarqawi

요르단 출신의 국제 테러리스트이자 이라크 무장단체인 '일신교와 성전 Al Tawhid al Jihad'의 지도자. 10대부터 이슬람 과격 단체에 가담해 아프가니스탄의 무장 게릴라 조직인 무자헤딘과 함께 소련에 대항해 싸웠다. 1990년대 중반에 아프가니스탄에서 테러리스트 훈련 캠프를 운영했다. 그는 이라크로 옮긴 뒤 이라크 전쟁 기간에 수많은 폭탄 테러의 주모자로서 유명해졌다. 2001년 9·11 테러 사건 이후 빈 라덴을 대신해 알 카에다를 지휘했다. 2004년 인터넷을 통해 미국인 닉 버그 참수 살해 장면을 공개했고, 한국인 김선일 피살 사건 등도 모두 그가 지휘한 것으로 추정된다. 2006년에 바그다드 인근에서 미군의 공습으로 사망했다.

✠ 알리 이븐 아비 탈립Ali ibn Abi Talib

예언자 무함마드의 사촌동생. 나중에 사위가 된, 가장 가까운 남성 인척이었다. 656년 제4대 칼리프가 되었으나 661년 하와리즈파의 과격주의자에게 피살당했다. 시아파 교도들은 그가 예언자 무함마드를 계승했어야 한다고 생각한다.

✠ 딤미dhimmi

이슬람 정복지에서 사는 유대교, 기독교, 조로아스터교, 힌두교, 불교, 시크교도를 일컫는다. 종교의 자유와 안전 보호를 받는 대신 인두세를 납부한다.

✠ **순나**sunnah

코란과 관련하여 예언자 무함마드가 보여준 언행에 따라 신앙생활을 해야 한다는 자세를 의미한다.

✠ **움마**ummah

이슬람 공동체. 구성원은 신체를 구성하는 부위로 비유한다. 손가락이 절단된 채 방치되면 결국 전체가 죽게 되므로 이슬람 공동체 관점에서는 일부를 절단하여 없애버린다는 이론은 해결 방법이 아니다.

주

1   Basma Atassi, "Iraqi Al-Qaeda Chief Rejects Zawahiri's Orders," http://
www.aljazeera.com/news/middleeast/2013/06/2013615172217827810.html

2   '칼리프 국가'는 칼리프라 불리는 종교와 정치의 최고 지도자, 다시 말해 예언
자 무함마드의 계승자가 다스리는 이슬람교 국가에 붙이는 이름이다. 칼리프 국가
로 불리는 무슬림 제국의 역사에서 가장 유명한 나라는 오스만 칼리프 국가(또는
오스만 제국)로 1453년부터 1924년까지 존속했다. 터키의 술탄이 권력의 정점을 차
지하면서 팽창을 거듭해 16세기 술레이만 대제 때에는 발칸과 헝가리를 장악하고
빈의 문턱까지 세력을 뻗었다.

3   Nick Paton Walsh, Gul Tuysuz, Raja Razek, "Al Qaeda-Linked Group
Strengthens Hold in Northern Syria," http://edition.cnn.com/2013/11/05/
world/europe/syria-turkey-al-qaeda/

4   현대적이라는 의미는 세계를 이해하는 한 방식으로서 더 완전한 발전을 향
한 현재의 가능성과 변화의 역동성을 획득하는 것이다. Paul Nadal, "What Is Mo-
dernity?" http://belate.wordpress.com/2013/03/03/what-is-modernity/

194

5 Various, "Life Under ISIS For Residents of Raqqa: Is This Really A Caliphate Worse Than Death?" http://www.independent.co.uk/news/world/middle-east/life-under-isis-for-residents-of-raqqa-is-this-really-a-caliphate-worse-than-death-9715799.html

6 Hannah Strange, "Islamic State Leader Abu Bakr al-Baghdadi Addresses Muslims in Mosul," http://www.telegraph.co.uk/news/worldnews/middleeast/iraq/10948480/Islamic-State-leader-Abu-Bakr-al-Baghdadi-addresses-Muslims-in-Mosul.html

7 Roula Khalaf, "Abu Bakr al-Baghdad: Isis Leader," http://www.ft.com/cms/s/0/ec63d94c-02b0-11e4-a68d-00144feab7de.html

8 Paul Gilbert, *Terrorism, Security and Nationality*(London: Routledge, 1995)

9 Benoit Faucon, Ayla Albayrak, "Islamic State Funds Push Into Syria and Iraq with Labyrinthine Oil-Smuggling Operation," http://online.wsj.com/articles/islamic-state-funds-push-into-syria-and-iraq-with-labyrinthine-oil-smuggling-operation-1410826325

10 Alex Bilger, "ISIS Annual Reports Reveal a Metrics-Driven Military Command," http://www.understandingwar.org/sites/default/files/ISWBackgrounder_ISIS_Annual_Reports_0.pdf

11 GPO, "PLO's Ability to Help Palestinian Authority Is Not Clear," http://www.gpo.gov/fdsys/pkg/GAOREPORTS-NSIAD-96-23/html/GAOREPORTS-NSIAD-96-23.htm

12 Press Release, "Islamic State Has Up To $2 Billion for the War Against the US," http://vestnikkavkaza.net/news/politics/60124.html

13 2014년 6월에 ISIS가 티크리트와 모술을 공격했을 때 이라크군 35만 명은 자

멸 중이었다. 하나같이 겁을 잔뜩 집어먹은 표정이었다. 충성심이라고는 엿볼 수 없었다. 부정과 부패도 만연해 있었다. 지휘관들은 있지도 않은 '유령 병사' 몫으로 급여를 챙겨서 자기 배를 불렸다. 병사 600명 몫으로 급여를 지급받았지만 실제로는 200명에 불과했다. "지난 3년간 총 416억 달러에 이르는 막대한 예산을 군에 쏟아부었는데도 탄약이 부족했다. 소총 한 자루에 탄창 4개만 주고 전선으로 내보내는 실정이었다. ISIS는 자기네 저격병이 이라크군을 손쉽게 해치우는 섬뜩한 장면을 비디오로 제작했다." http://www.independent.co.uk/news/world/middle-east/isis-caliphate-has-baghdad-worried-because-it-will-appeal-to-angry-young-sunnis-9574393.html

14 미 제국주의의 새 시대를 알리는 테러와의 전쟁에 관한 모든 정치적 수사에도 불구하고, 심지어 이라크에서도, 서구는 자국 영토를 만들겠다는 자만심으로 정복에 나선 적은 없었다.

15 John Gray, "A Point of View: Isis and what it means to be modern," http://www.bbc.com/news/magazine-28246732

16 Lawrence Joffe, "Obituary: Ayatollah Mohammad Bakir al-Hakim," http://www.theguardian.com/news/2003/aug/30/guardianobituaries.iraq

17 David Rose, "Heads in the Sand," http://www.vanityfair.com/politics/features/2009/05/iraqi-insurgents200905

18 Greg Bruno, "The Role of the 'Sons of Iraq' In Improving Security," http://www.washingtonpost.com/wp-dyn/content/article/2008/04/28/AR2008042801120.html

19 Matt Bradley and Ali A. Nabhan, "Iraqi Officer Takes Dark turn to al-Qaeda," http://online.wsj.com/news/articles/SB10001424052702304834704579405440767359448

20 Bill Roggio, "Analysis: ISIS, allies reviving 'Baghdad belts' battle plan," http://www.longwarjournal.org/archives/2014/06/analysis_isis_allies.php

21 Ibid.

22 Ibid.

23 Ibid.

24 The White House, "President's Address to the Nation, January 10, 2007." http://georgewbush-whitehouse.archives.gov/news/releases/2007/01/20070110-7.html

25 Peter Beaumont, "Abu Bakr al-Baghdadi: The ISIS Chief With the Ambition to Take Over al Qaeda," http://www.theguardian.com/world/2014/jun/12/baghdadi-abu-bakr-iraq-isis-mosul-jihad

26 Various, "Interior Published a New Picture of the Leader of 'Daash' Abu Bakr al-Baghdadi," http://www.shafaaq.com/sh2/index.php/news/iraq-news/71597--qq-.html (in Arabic)

27 Jenna McLaughlin, "Was Iraq's Top Terrorist Radicalized at a US Run Prison?" http://www.motherjones.com/politics/2014/07/was-camp-bucca-pressure-cooker-extremism

28 Various, "The biography of Sheikh Abu Bakr al-Baghadadi," https://archive.org/stream/TheBiographyOfSheikhAbuBakrAlBaghdadi/The%20biography%20of%20Sheikh%20Abu%20Bakr%20Al-Baghdadi_djvu.txt

29 Lizzie Dearden, "Iraq Crisis: ISIS Leader Pictured for the First Time After Declaring Islamic Caliphate," http://www.independent.co.uk/news/world/middle-east/iraq-crisis-isis-leader-pictured-for-first-time-after-declaring-islamic-caliphate-9586787.html

30 Sohrab Ahmari, "Inside the Mind of the Western Jihadist," http://online.wsj.com/articles/sohrab-ahmari-inside-the-mind-of-the-western-jihadist-1409352541

31 Interview with Michael Przedlacki, September 16, 2014

32 Aryn Baker, "Why Al Qaeda Kicked Out Its Deadly Syrian Franchise," http://time.com/3469/why-al-qaeda-kicked-out-its-deadly-syria-franchise/

33 Paul Crompton, "The Rise of the New Caliph, ISIS Chief Abu Bakr al-Baghdadi," http://english.alarabiya.net/en/perspective/profiles/2014/06/30/The-rise-of-the-new-caliph-ISIS-chief-Abu-Bakr-al-Baghdadi.html

34 Donald Neff, "The First Intifada Erupts, Forcing Israel to Recognize Palestinians," http://www.ampalestine.org/index.php/history/the-intifadas/364-the-first-intifada-erupts-forcing-israel-to-recognize-palestinians.

35 Loretta Napoleoni, *Terror Incorporated* (New York: Seven Stories Press, 2005)

36 Hannah Allam, "Records Show ·How Iraqi Extremists Withstood US Anti-terror Efforts," http://www.mcclatchydc.com/2014/06/23/231223/records-show-how-iraqi-extremists.html

37 Bernard Haykel, "The Enemy of My Enemy Is Still My Enemy," http://www.nytimes.com/ref/opinion/26haykel.html

38 Aryn Baker, "Syrian Rebels Appear to Have a new Type of US Made Anti-Tank Weapon," http://time.com/57313/syrian-rebels-are-seen-with-u-s-made-weapons/

39 Erika Solomon, Daniel Dombey, "PKK 'terrorists' Crucial to Fight Against ISIS," http://www.ft.com/cms/s/0/4a6e5b90-2460-11e4-be8e-00144feabdc0.html#axzz3ATSuW000

40 Interview with Francesca Borri, September 15, 2014

41 Interview with a former Syrian rebel, August 10, 2014

42 Interview with Francesca Borri, September 15, 2014

43 "Opposizione siriana, Qatar ha pagato riscatto di 20 milioni di dollari pcr rilascio caschi blu da al-Nusra," La Repubblica, September 13, 2014 (in Italian)

44 "Il Fatto Quotidiano. Isis, nuovo video. L'ostaggio John Cantlie ai media: 'Dite la verita su Stato Islamico,'" http://www.ilfattoquotidiano.it/2014/09/18/isis-nuovo-video-lostaggio-john-cantlie-ai-media-dite-la-verita-sullo-stato-islamico/1125414/ (in Italian)

45 Elliot Ackerman, "Watching ISIS Flourish Where We Once Fought," http://www.newyorker.com/news/news-desk/watching-isis-flourish-where-we-once-fought

46 "ISIS Leader al-Baghdadi Proves Formidable Enemy," http://www.al-monitor.com/pulse/originals/2014/02/iraq-isis-baghdadi-mystery.html

47 Middle East Monitor, "Corruption in the Palestinian Authority," https://www.middleeastmonitor.com/downloads/reports/20131214_CorruptionintthePalestinianAuthority.pdf

48 Maggie O'Kane, "Where War is a Way of Life," http://www.theguardian.com/world/2001/oct/15/afghanistan.terrorism9

49 Hannah Allam, "Records Show How Iraqi Extremists Withstood US Anti-terror Efforts," http://www.mcclatchydc.com/2014/06/23/231223/records-show-how-iraqi-extremists.html

50 모크타다 알사드르 역시 2003년 바그다드 시아파 거주지역에서 비슷한 청사진을 내걸고 주민을 위한 프로그램을 가동시키면서 껍데기 국가 건설에 나섰는데 매우 성공적인 접근 방법으로 입증되었다. **199**

51   Aaron Zelin, "The Islamic State of Iraq and Syria Has a Consumer Protection Office," http://www.theatlantic.com/international/archive/2014/06/the-islamic-state-of-iraq-and-syria-has-a-consumer-protection-office/372769/

52   Interview with Michael Przedlacki, September 16, 2014

53   Fehim Ta.tekin, "Turkey's Syria borders an open door for smugglers," http://www.al-monitor.com/pulse/originals/2014/04/turkey-syria-borders-smuggling-guns-conflict-kurds-pkk-isis.html

54   Aaron Zelin, "The Islamic State of Iraq and Syria Has a Consumer Protection Office." http://www.theatlantic.com/international/archive/2014/06/the-islamic-state-of-iraq-and-syria-has-a-consumer-protection-office/372769/

55   Ibid.

56   Juan Foerom, "Rebel-Held Zone in Colombia Fears End of Truce." http://www.nytimes.com/2000/12/16/world/rebel-held-zone-in-colombia-fears-end-of-truce.html

57   Jeremy Bowen, "Iraq Crisis: Fighting in Tikrit After 'Caliphate' Declared," http://www.bbc.com/news/world-middle-east-28092840

58   Frank Gardner, "ISIS Rebels Declare 'Islamic State' in Iraq and Syria," http://www.bbc.co.uk/news/world-middle-east-28082962

59   Francesca Borri, "Behind the Black Flag: Current, Former ISIL Fighters Speak," http://www.usnews.com/news/articles/2014/06/25/behind-the-black-flag-current-former-isil-fighters-speak

60   William Dalrymple, "The ISIS Demand for a Caliphate Is About Power, Not Religion," http://www.theguardian.com/commentisfree/2014/jul/13/isis-caliphate-abu-bakr-al-baghdadi-jihadi-islam

61 Dr. Zachariah Matthews, "The Golden Age of Islam," http://www.irfi.
org/articles/articles_401_450/golden_age_of_islam.htm

62 그러나 틸레반 정권을 이 범주에 포함시키는 것은 몇 가지 이유에서 잘못이다.
그 가운데 하나는 외국의 율법과 정치적 모델을 과거 칼리프 국가와 아무런 접촉도
없었던 아프가니스탄에 수입한 사실이다.

63 코소보에서 미군을 위해 일했던 알바니아 통역사와 2014년 7월 25일 인터뷰
한 내용.

64 Ludovica Iaccino, "ISIS Insurgents Tweet Picture of Beheaded Man:
This is our ball. It's made of skin #WorldCup," http://www.ibtimes.co.uk/
isis-insurgents-tweet-picture-beheaded-man-this-our-ball-its-made-skin-
worldcup-1452643

65 Interview, Loretta Napoleoni.

66 Roula Khalaf, Sam Jones, "Selling Terror: How ISIS Details its Brutality,"
http://www.ft.com/cms/s/2/69e70954-f639-11e3-a038-00144feabdc0.html

67 BBC News, "Iraq's Annual Death Toll Highest in Five Years," http://
www.bbc.com/news/world-middle-east-25568687

68 Aaron Zelin, "The Islamic State of Iraq and Syria Has a Consumer Pro-
tection Office," http://www.theatlantic.com/international/archive/2014/06/
the-islamic-state-of-iraq-and-syria-has-a-consumer-protection-of-
fice/372769/

69 Francesca Borri, "Behind the Black Flag: Current, Former ISIL Fighters
Speak," http://www.usnews.com/news/articles/2014/06/25/behind-the-
black-flag-current-former-isil-fighters-speak

70 Deborah Amos, "Islamic State Rule: Municipal Services and Public

Beheadings," http://www.npr.org/blogs/parallels/2014/09/12/347748371/
islamic-state-rule-municipal-services-and-public-beheadings

71 BBC News, "Battle for Iraq and Syria in Maps," http://www.bbc.co.uk/
news/world-middle-east-27838034

72 Interview with Francesca Borri, September 15, 2014; see also Francesca
Borri, *La Guerra Dentro*(Torino: Einaudi, 2014)

73 Michael Daly, "ISIS Leader: See You In New York," http://www.thedaily-
beast.com/articles/2014/06/14/isis-leader-see-you-in-new-york.html.

74 Fox News, "The Next Bin Laden: ISIS Leader Abu Bakr Al-Baghdadi,"
http://foxnewsinsider.com/2014/06/13/next-bin-laden-isis-leader-abu-
bakr-al-baghdadi

75 Juan Sanchez, *Terrorism & Its Effects*(Global Media, 2007)

76 www.assabeel.net(n1 539, 2 May 2004)

77 Sohrab Ahmari, "Inside the Mind of the Western Jihadist," http://
online.wsj.com/articles/sohrab-ahmari-inside-the-mind-of-the-western-
jihadist-1409352541

78 VICE News, "The Islamic State," https://www.youtube.com/watch?v=
AUjHb4C7b94

79 "Islamic State Switches to New Platforms After Twitter Block," http://
www.bbc.com/news/world-middle-east-28843350

80 Jack Healy, "For Jihad Recruits, a Pipeline from Minnesota to Militancy,"
http://www.nytimes.com/2014/09/07/us/for-Jihad-recruits-a-pipeline-
from-Minnesota-to-militancy.html

81 J. M. Berger, "How ISIS Games Twitter," http://www.theatlantic.
com/international/archive/2014/06/isis-iraq-twitter-social-media-

strategy/372856/

82 Cahal Milmo, "ISIS Jihadists Using World Cup and Premiere League Hashtags to Promote Extremist Propoganda on Twitter," http://www.independent.co.uk/news/world/middle-east/iraq-crisis-exclusive-isis-jihadists-using-world-cup-and-premier-league-hashtags-to-promote-extremist-propaganda-on-twitter-9555167.html

83 "ISIS Leader al-Baghdadi Proves Formidable Enemy," http://www.al-monitor.com/pulse/originals/2014/02/iraq-isis-baghdadi-mystery.html

84 Cahal Milmo, "ISIS Jihadists Using World Cup and Premiere League Hashtags to Promote Extremist Propaganda on Twitter," http://www.independent.co.uk/news/world/middle-east/iraq-crisis-exclusive-isis-jihadists-using-world-cup-and-premier-league-hashtags-to-promote-extremist-propaganda-on-twitter-9555167.html

85 Interview with Francesca Borri, September 15, 2014

86 Sohrab Ahmari, "Inside the Mind of the Western Jihadist," http://online.wsj.com/articles/sohrab-ahmari-inside-the-mind-of-the-western-jihadist-1409352541

87 Jonathan Owen, "British Fighters Make Up a Quarter of Foreign Jihadists," http://www.independent.co.uk/news/world/middle-east/islamic-state-backgrounder-british-fighters-make-up-a-quarter-of-foreign-jihadists-9681547.html

88 Interview with Francesca Borri, September 15, 2014

89 Jason Burke, "The ISIS Leader's Vision of the State is a Profoundly Contemporary One," http://www.theguardian.com/commentisfree/2014/aug/24/isis-abu-bakr-al-baghdadi-jason-burke.

90 Tom Englehardt, "Don't Walk Away From War: It's Not The American Way," http://original.antiwar.com/engelhardt/2014/06/10/dont-walk-away-from-war/

91 Robert Fisk, "Iraq Crisis: Sunni Caliphate Has Been Bankrolled by Saudi Arabia," http://www.belfasttelegraph.co.uk/opinion/columnists/robert-fisk/iraq-crisis-sunni-caliphate-has-been-bankrolled-by-saudi-arabia-30351679.html

92 Damien McElroy, "ISIS Leader: Muslims Must Fight Until Rome Conquered," http://www.independent.ie/world-news/middle-east/isis-leader-muslims-must-fight-until-rome-conquered-30399749.html

93 Ibid.

94 살라딘(1137년 혹은 1138~1193년 3월 4일)은 이집트와 시리아의 첫 술탄이자 아이유브 왕조의 창시자다. 그는 무슬림을 이끌고 레반트에서 유럽 십자군과 대결했다. 최전성기 때에는 이집트, 시리아, 메소포타미아, 헤자즈(아라비아 반도 홍해 연안), 예멘 및 북아프리카 일부를 지배했다.

95 쿠틉은 투옥되어 고문을 받다가 결국에는 나세르 정권에 의해 교수형에 처해졌다. 때문에 그의 고행은 억압적인 아랍 정권에 의한 희생의 상징으로 받아들여지고 있다.

96 McElroy, "ISIS Leader: Muslims Must Fight Until Rome Conquered."

97 Ben Hubbard, "ISIS Threatens Al Qaeda as Flagship Movement of Extremists," http://www.nytimes.com/2014/07/01/world/middleeast/isis-threatens-al-qaeda-as-flagship-movement-of-extremists.html

98 "How Saudi Arabia helped Isis take over the north of Iraq," http://www.belfasttelegraph.co.uk/opinion/how-saudi-arabia-helped-isis-take-over-the-north-of-iraq-30435038.html

99 Nick Patton Walsh, "The Secret Jihadi Smuggling Route Through Turkey," http://www.cnn.com/2013/11/04/world/europe/isis-gaining-strength-on-syria-turkey-border/

100 "Under the Microscope," Al Jazeera Arabic Satellite TV broadcast, July 1, 2004, broadcast (in Arabic)

101 Various, "The Biography of Sheikh Abu al-Baghdadi," https://archive.org/stream/TheBiographyOfSheikhAbuBakrAlBaghdadi/The%20biography%20 of%20Sheikh%20Abu%20Bakr%20Al-Baghdadi_djvu.txt

102 Albert Hourani, *A History of the Arab Peoples*(Cambridge, MA: Harvard University Press, 2003)

103 http://www.oxfordislamicstudies.com/article/opr/t125/e2356

104 Ibid.

105 "The Future of Sharia: Negotiating Islam in the Context of the Secular State," http://sharia.law.emory.edu/index.html%3Fq=en%252Fwars_apostasy.html

106 "How Saudi Arabia helped Isis take over the north of Iraq," http://www.belfasttelegraph.co.uk/opinion/how-saudi-arabia-helped-isis-take-over-the-north-of-iraq-30435038.html

107 Mike Schuster, "The Origins of the Shiite-Sunni Split," http://www.npr.org/blogs/parallels/2007/02/12/7332087/the-origins-of-the-shiite-sunni-split

108 "The Saud Family and Wahhabi Islam," http://countrystudies.us/saudi-arabia/7.htm

109 Nassima Neggaz, "The Falls of Baghdad in 1258 and 2003: A Study in Sunni-Shi'i Clashing Memories," https://repository.library.georgetown.edu/

handle/10822/707405

110 Bashaer, no.26, December 27, 2004. '몽골 침공의 재래'에 대한 좀더 자세한 정보는 다음을 참고하라. "Iraqi Vice President: 'Thousands of Suicide Attackers Will Fight Against US,'" *Der Spiegel*, February 1, 2003; Sam Hamod, "The New Mongols," *al Jazeera*, November 19, 2004

111 Ibid.

112 2003년 4월 28일 사담 후세인은, 부시가 알카미의 도움을 빌려 바그다드에 입성했다고 진술했다. 다음을 참고하라. al Quds al Arabi, April 30, 2003

113 Loretta Napoleoni, "The Myth of Zarqawi," http://www.antiwar.com/orig/napoleoni.php?articleid=7988

114 2003년 이후로 '수니 트라이앵글'에 외국인 전투원이나 자폭 테러리스트가 존재한 것은 수니파 저항운동이 시아파 반정부 운동과 구별되는 큰 차이 중 하나다. 또 하나의 차이로는 두 집단의 배경과 동기를 들 수 있다. 시아파 쪽은 본질적으로 계급투쟁이었던 반면 수니파 쪽은 서방 연합군에 대한 성전과 시아파에 대한 내전을 벌여온 점이다. 무크타다 알 사드르가 이끄는 시아파의 반란은 처음부터 시아파 및 알 사드르 자신의 정치적 지위와 지분 확보가 목적이었다. 실제로도 시아파는 '민주 이라크'의 지배권을 장악하기에 이르렀다. 대신에 수니파 반란군은 처음부터 서방 점령군을 상대로 완전한 독립을 위해 싸우기 바빴고, 이맘 알리 모스크에 대한 자살폭탄 테러 후에는 '무슬림 이단자' 시아파와 내전을 벌여왔다.

115 John Cantlie, "Lend Me Your Ears," https://www.youtube.com/watch?v=Vcew3qmidRI

116 Ali Khedery, "How ISIS Came to Be," http://www.theguardian.com/world/2014/aug/22/syria-iraq-incubators-isis-jihad

117 Ibid.

118 Ibid.

119 Ibid.

120 Amnesty International, "Nigeria: Gruesome footage implicates military in war crimes," http://www.amnesty.org/en/news/nigeria-gruesome-footage-implicates-military-war-crimes-2014-08-05

121 Mary Kaldor, *New and Old Wars: Organized Violence in a Global Era*(Malden, MA: Polity Press, 1999)

이슬람 불사조

1판 1쇄	2015년 2월 23일
1판 3쇄	2016년 1월 5일

지은이	로레타 나폴레오니
옮긴이	노만수·정태영
펴낸이	강성민
기획	노만수
편집장	이은혜
편집	박세중 이두루 박은아 곽우정 차소영
편집보조	백설희
마케팅	정민호 이연실 정현민 양서연 지문희
홍보	김희숙 김상만 한수진 이천희

펴낸곳	(주)글항아리	출판등록 2009년 1월 19일 제406-2009-000002호
주소	10881 경기도 파주시 회동길 210
전자우편	bookpot@hanmail.net
전화번호	031-955-8897(편집부) 031-955-8891(마케팅)
팩스	031-955-2557

ISBN	978-89-6735-182-3 03300

글항아리는 (주)문학동네의 계열사입니다.

이 도서의 국립중앙도서관 출판예정도서목록(CIP)은 서지정보유통지원시스템 홈페이지
(http://seoji.nl.go.kr)와 국가자료공동목록시스템(http://www.nl.go.kr/kolisnet)에서
이용하실 수 있습니다. (CIP제어번호 : CIP2015003831)